A MAGIA DOS METAIS

Uma pesquisa sem paralelo sobre o mundo vivo dos metais – suas propriedades curativas, suas ligações com a Astrologia, seu poder de estimular as energias vitais existentes no corpo humano e na psique.

MELLIE UYLDERT

A MAGIA DOS METAIS

Os segredos ocultos do mundo mineral

Tradução
MAIO MIRANDA

EDITORA PENSAMENTO
São Paulo

Título do original:
Wezen en Krachten der Metalen

Edição

3-4-5-6-7-8-9-10-11-12

Ano

92-93-94-95-96-97

EDITORA PENSAMENTO LTDA.
Rua Dr. Mário Vicente, 374 - 04270 - São Paulo, SP - Fone: 272-1399

Impresso em nossas oficinas gráficas.

SUMÁRIO

INTRODUÇÃO

Pensamos que sabemos tudo sobre os metais. Podemos, facilmente, fazer descobertas a respeito de suas estruturas cristalinas, dos seus antecedentes históricos, dos tipos de minério, das localizações de cada um e das aplicações práticas deste conhecimento. No entanto, quase nada sabemos sobre os metais como substâncias *vivas*. É o mundo vivo dos metais que este livro se propõe descrever, permitindo que aqueles que se sentem fascinados pelo poder oculto do reino mineral pesquisem em busca da natureza interior através da qual se expressa uma característica particular de um metal.

Podemos ver as pedras preciosas como olhos da Mãe Terra – como janelas de sua alma. Do mesmo modo, os elementos metálicos formam a essência da Terra. Eles são substâncias necessárias à vida do homem, dos animais e das plantas.

O homem divide os metais de acordo com sua localização, tipo de extração, peso específico, peso atômico e cristalografia. Em suma, toda uma lista de propriedades que podem ser encontradas em manuais. Mas, o que você não encontrará é a ligação entre essas propriedades e a natureza interior, secreta, dos metais. Em vão você procurará o conceito de que, nos metais, os vários poderes do corpo vivo da Terra são amadurecidos por energias cósmicas.

Contudo, essa idéia poderá levar a uma proveitosa reavaliação de um material bruto, essencial para a vida em geral e para a cultura em particular. Ironicamente, nossa cultura é que está ameaçando consumir inteiramente essas fontes de vida.

As utilizações modernas dos metais, na verdade, visam unicamente o valor de troca que eles têm, o que equivale a uma interpretação puramente econômica do valor real dos metais. A despeito das diferenças funcionais existentes entre os metais, o cobre ou o chumbo, por exemplo, têm, essencialmente, o mesmo valor que o ouro – coisa que os alquimistas já sabiam há muito, quando falavam a respeito da natureza do espírito vivo existente num metal.

Todo o corpo da terra é permeado por metais, do mesmo modo que o corpo do homem o é por vasos sangüíneos. Os metais fluem através de órgãos situados a grande profundidade e também próximos à superfície. E, quanto mais perto chegamos do núcleo do nosso planeta (tarefa infinitamente mais difícil do que voar no espaço), mais nos aproximamos do centro ao redor do qual tudo gira: um resplandecente eixo de ferro puro. No capítulo sobre o aço, o leitor irá descobrir a importância do ferro para a sua própria vida e para o seu próprio sangue. De maneira análoga, o cobre que há em nosso sangue contribui, entre outras coisas, para a diferença entre os sexos.

Este livro descreve dezoito metais. Há, naturalmente, muitos outros que expressam as maravilhas do reino mineral, formando um complexo padrão de compostos, contidos nas rochas. Gostaríamos de investigar profundamente o cobalto, o cromo, o cádmio, o índio, o berílio e o vanádio, em vez de tratá-los de uma forma genérica; e também o urânio, o lítio, o estrôncio e o tântalo, que podem ser menos conhecidos mas, certamente, não são menos fascinantes. Tivemos, porém, de fazer uma seleção na tesouraria do mundo dos metais. O leitor deve perdoar-nos caso ache que algum metal, que para ele é importante, foi negligenciado.

A TERRA E SEUS METAIS

Nós, criaturas, agarramo-nos ao corpo da Mãe Terra que se move rapidamente através do espaço, como todos os outros corpos celestes. A Terra também nos faz girar em torno do centro do nosso universo, o Sol, que nos banha a todos com seus raios benéficos.

O corpo da Terra é como o nosso, modelado de acordo com um modelo cósmico. A terra firme e a água que corre estão tão separadas quanto a nossa carne do nosso sangue, e a água do mar contém os mesmos elementos que o nosso sangue (exceto que o seu conteúdo de sal é mais elevado).

Como a Terra se move através do espaço, não podemos conhecer a forma exata do seu corpo, uma vez que as suas cavidades se encheram de água. Todavia, ela também tem um pólo-pensamento no norte, análogo à nossa cabeça. Seu pólo-vida está localizado no sul e corresponde aos nossos órgãos sexuais e excretores.

Lá, próximo do pólo norte, as auroras boreais da Terra cintilam do mesmo modo que lampejos de inspiração iluminam a escuridão existente em nosso cérebro.

A Terra respira na região da Escandinávia. É lá que ela suga o ferro de que necessita para o seu sangue – sangue que ajuda a formação de depósitos minerais. Cadeias de montanhas tais como os Andes e as Montanhas Rochosas são a sua espinha dorsal; os grandes rios, as suas artérias, correntes de energia que trazem alimento e revigoramento para os seus tecidos. Seu coração bate na Europa: Londres, Amsterdã, Paris, Praga e Viena; assim como certa vez o seu coração bateu nas grandes cidades da Atlântida, em Cartago e Atenas.

O equador é o seu centro e, no calor dessa fornalha, ocorrem a sua digestão e o seu metabolismo. Seu elixir da vida é protegido pelas florestas tropicais da África, tão ricas em minerais. Em certa época a Terra teve um cabelo assim espesso sobre todo o seu corpo. As florestas cobriam toda a terra firme, tal como um casaco de peles vivo. Mas, a maneira irresponsável de viver dos homens deixou a Terra com manchas nuas, vulneráveis: os desertos. Os veios de minérios de metais conduzem energia através do tecido de rochas da Mãe Terra. Esses veios são seus nervos. Os homens podem tirar o que quiserem, pois a Terra está recebendo constantemente energia do cosmos. Seu sistema nervoso não pode ser esgotado.

Na metade inferior do corpo da Mãe Terra estão os rins (as reservas de cobre de Katanga) e a energia primeira dos seus órgãos sexuais. Onde as partes de terra firme se encontram num ponto, o Pólo Sul, seus resíduos orgânicos encontram uma saída.

O calor contido em suas entranhas às vezes força a subida de substâncias perigosas até muito perto da superfície. Essas erupções vulcânicas são as suas úlceras.

Os micróbios que vivem dentro e sobre a sua pele devem servi-la, assim como as bactérias que ajudam os homens a triturar os alimentos e a remover as substâncias rejeitadas. Os homens, as plantas e os animais devem servir à Mãe Terra de acordo com as leis dela. Se assim o fizerem, ela se manterá saudável e os alimentará. Mas se o micróbio-homem se transformar num germe virulento, envenenando o sangue dela, deixando-a nua e perfurando-a, a vida da Terra estará em perigo.

A Mãe Terra, como o homem, absorve a energia do Sol através do seu pólo-vida, no Sul. Com essa energia radiante, ela faz o ouro e as pedras preciosas da África do Sul, da Índia e da América do Sul. Esses tesouros são as suas glândulas. Os mineiros formigam por toda a sua pele, retalhando, cavando e peneirando os metais mais preciosos, tirando-os de seu sistema nervoso. Vamos tentar ser crianças boazinhas, aquecendo-nos no seu fulgor, alimentando-nos para podermos crescer, em vez de sermos criadores de doenças, esgotando-a e envenenando-a com nossas estranhas brincadeiras.

Os metais estão presentes no espaço, em forma etérica. A força

A TERRA E SEUS METAIS

A árvore alquímica simboliza a ligação entre a vida da Mãe Terra e as forças planetárias que a cercam. A vida da Mãe Terra abrange a vida das plantas, dos animais, dos homens e dos minerais. (Gravura tirada de uma obra do monge Basile Valentin do século XV.)

da gravidade os atrai para a Terra. Conforme são absorvidos, vão se tornando cada vez mais densos, até que assumem as várias formas materiais que nos são familiares: ouro, prata, mercúrio, cobre, ferro, estanho e chumbo, platina, alumínio, zinco, cobalto, tungstênio, urânio, plutônio, etc., que o homem usa para os seus próprios fins. Ele os combina à sua vontade, produzindo bronze, latão, folha-de-flandres, aço inoxidável ou peltre. Seu objetivo é, sempre, realçar a vida de acordo com o seu próprio ponto de vista. Para ele, a Terra tem pouca importância.

A ciência da química envolve tanto a separação como a combinação de substâncias. A alquimia, por outro lado, é a ciência de decompor os metais, tendo como objetivo libertar a sua forma pura, original. Depois de terem sido libertados do pecado original, eles são devolvidos ao estado sólido, mas desta vez como metais realmente nobres da pura e nobre Mãe Terra. O homem que trabalha com metais pode escolher se irá contribuir para a destruição ou para a santificação da Terra.

O corpo humano contém os mesmos metais que a Mãe Terra. Quanto mais a pessoa sabe a respeito dos metais presentes em seu próprio corpo, mais ela compreenderá a Terra, pois os dois corpos são análogos. Se um corpo humano está carente de um determinado metal, a Terra pode oferecê-lo do seu próprio corpo, para uso medicinal. Uma cura pode ser realizada diretamente ou por intermédio do reino vegetal; às vezes, também através do reino animal. O magnésio, por exemplo, pode ser extraído da água do mar e da camomila.

Encontramos metais em todos os reinos da natureza. Eles mudam de forma, mas mantêm sua radiação e energia. Primeiro, eles constroem nossos corpos e, em seguida, são refinados para dar energia espiritual. Os metais pintam seus próprios retratos na crosta da Terra e nas paisagens, mas são especialmente reconhecíveis nos diferentes tipos de pessoas. Sim, o velho quebra-cabeça de desenhos cósmicos está em toda parte.

Os metais são dádivas do céu, que nos foram enviadas pelo Sol, pelas estrelas e pelos planetas. Eles são absorvidos e modificados pela Terra e por todas as suas criaturas, transmitindo para o espaço tudo o que emitimos. Metais sólidos, fluidos, gasosos e etéricos atravessam nossa corrente sangüínea, nossas mãos e nosso espírito. Vivemos com eles e eles conosco. O que o homem ainda tem de aprender é o conhecimento da natureza essencial dos metais.

OURO

A Nobreza do Ouro na Antigüidade

O homem se sente atraído pelo ouro como o mais precioso de todos os metais produzidos pela Terra. Nós o consideramos como a coisa mais cara e mais valiosa que existe. O ouro é diferente dos outros metais; não combinará, de modo geral, com outros metais (com exceção da prata, para formar o electro, usado pelos povos antigos da Ásia Menor). Além disso, o ouro não se deteriora e não se degenera; os tesouros de ouro da América do Sul, do Egito, da Pérsia, da Índia e da Gália antiga, que têm milhares de anos, ainda são tão encantadores quanto no tempo em que foram criados pelos grandes artistas.

Desde os tempos mais antigos, o homem tem feito ornamentos e utensílios de ouro para deuses e reis. O costume de adornar o altar com um Sol de ouro é realmente muito antigo. Os incas do Peru e os astecas do México davam a ele uma significação sagrada, e esse simbolismo ainda sobrevive nas igrejas cristãs do Ocidente. O ostensório tem a forma de um Sol radiante. Serviços de mesa feitos de ouro sempre deram esplendor aos grandes banquetes da nobreza. O símbolo do poder supremo, a coroa de ouro, é uma honra reservada para os reis. A história fala inclusive de sarcófagos reais cobertos com folhas de ouro, como o de Tutankhamon, o faraó egípcio.

Por que o ouro deveria despertar tamanha reverência? Simplesmente por causa da sua beleza resplandecente e permanente? Não, mas sim porque o ouro é o metal do Sol. Em essência, ele está relacionado

OURO

Um ostensório de ouro, do início do século XVII – o simbolismo do sol sagrado no altar da Igreja Católica.

com o Sol, o grande dispensador da vida do nosso universo. No mundo dos metais, o ouro é a energia solar substanciada. Ele forma o ponto central desse reino, do mesmo modo que o Sol é o centro de seu próprio sistema. É por isso que ligamos o ouro a figuras centrais, tais como o governante ou o sumo-sacerdote, que são os representantes e os símbolos do Sol na Terra. A coroa do rei *deve* ser feita de ouro porque ela representa o fluxo de energia que desce do Sol e penetra nessa cabeça real. Ao mesmo tempo, ela age como um condutor de energia. Desse modo, o governante fica intensamente carregado com uma força que ele então pode distribuir entre o seu povo, a terra e o gado, para fazer com que sejam férteis e para trazer felicidade mútua, saúde e beleza.

O rei senta-se num trono de ouro e segura em suas mãos o cetro de ouro – símbolo masculino – e a esfera de ouro – símbolo feminino. Ele divide a grande força única e a transmite ao reino da dualidade. As inúmeras pedras preciosas que adornam a coroa e também o trono atraem as forças planetárias, a fim de que cada uma dê sua própria contribuição. O ouro une essas forças. O ouro traz a energia do Sol para o homem, para que ele a leve consigo aonde quer que vá. O ouro torna-nos corajosos, fortes e generosos, como o próprio Sol. Ele dá autoconhecimento, autoconfiança e vigor.

Daí o velho costume existente entre povos de muitas nações, de usar brincos, braceletes, anéis, colares e broches de ouro. As camponesas da Holanda usavam os chamados enfeites-de-orelha: faixas douradas usadas sobre os cabelos e sob a touca de fina renda, através da qual se podia vê-las brilhar. Aos domingos, especialmente na Zelândia, elas usavam pequenas espirais de ouro presas à fita que envolvia a cabeça, logo acima das orelhas. Isso, em conjunção com as quatro fieiras de contas de coral, presas com um fecho de ouro e usadas em torno do pescoço, tornava esse simpático povo carregado de força vital.

Acredita-se atualmente que os brincos de ouro dos pescadores asseguravam um enterro decente ao marinheiro que se afogasse num naufrágio, caso seu corpo fosse arrastado para a praia. Numa época anterior, porém, os homens tinham um conhecimento muito maior. Eles furavam os lóbulos das orelhas e, com um brinco, mantinham os furos abertos para favorecer a expulsão de substâncias impuras do corpo. Nem sempre os homens se preocuparam exclusivamente com o lado econômico das coisas! Nos países da América do Sul, onde desde tempos bem antigos tem sido encontrada uma enorme quantidade de ouro, muitos objetos de uso cotidiano, tais como pratos, copos e travessas, eram feitos de ouro, para uso das pessoas abastadas. Eles chegaram até mesmo ao ponto de usar placas de ouro para gravar o alfabeto. E a história foi registrada em grandes páginas douradas...

Quando Cortez topou com o reino asteca, a princípio os índios o tomaram por um deus saído das suas profecias e perguntaram a ele o peso exato do rei e da rainha da Espanha, uma informação que Cortez não pode fornecer. Os índios contaram-lhe que precisavam saber isso para poder oferecer como presente, para o rei e para a rainha, uma chapa de ouro de acordo com o peso deles, que os carregaria através dos ares tal como os reis e sacerdotes astecas...

Hoje em dia, os turistas têm tal entusiasmo pelos esplêndidos objetos de ouro vindos do passado, que os índios que trabalham em ourivesaria, e que ainda hoje têm a mesma habilidade, fazem cópias dos objetos originais e as vendem. Isso está relacionado com a luta inicial dos índios pela independência, quando quiseram tentar escapar da tirania e da exploração dos espanhóis, depois de suportar tudo isso durante tanto tempo. Os que são muito pobres conseguem algum dinheiro extra cavando e saqueando tumbas antigas, em busca de objetos de ouro que costumavam ser enterrados com os mortos.

Embora o ouro ocorra naturalmente em todo o globo, hoje ele existe em apenas umas poucas áreas onde a mineração é considerada compensadora. O Continente Africano é o mais rico em ouro. Muitas vezes ele é chamado de leão, pois Leo é o signo do zodíaco regido pelo Sol. O negus da Abissínia tinha sempre um leão sentado ao lado do seu trono: o Leão de Judá, símbolo do poder real.

O antigo Egito foi a principal área produtora de ouro da África, particularmente a Núbia (*nub* = ouro). Mais tarde, os tronos e sarcófagos dos faraós atraíram os olhos cobiçosos dos conquistadores persas, que vieram, pilharam o ouro e o utilizaram, entre outras coisas, para fazer moedas de ouro com uma imagem do Deus-Sol gravada. Só muito mais tarde é que conquistadores como Alexandre o Grande tiveram a própria imagem gravada em moedas.

Também a Espanha sempre possuiu ricas minas de ouro, e os romanos empregaram uma média de 60.000 escravos para trabalhar nelas. Na Gália antiga havia enormes quantidades de ouro nos santuários dos druidas, erguidos nas florestas – mas os romanos os saquearam. A natureza prática dos romanos não se limitava a valorizar o ouro simplesmente por sua beleza, nobreza e poder solar; eles precisavam do ouro como dinheiro, para pagar seus exércitos, conquistar povos e estabelecer a *Pax Romana*. Quando o Cristianismo já havia sido reconhecido oficialmente em Roma, trazendo consigo a abolição da escravatura, a aquisição de ouro em áreas conquistadas cessou também.

Muito tempo depois disto, os homens começaram a cavar em busca de ouro nas montanhas da Europa: na terra dos Sudetos, na Hungria e na Silésia. A ordem religiosa dos Cavaleiros Templários recolhia esse ouro, tornando-se então uma instituição bancária que emprestava ouro aos governantes para suas dispendiosas guerras. No fim, Felipe o Belo roubou o ouro dos Templários e, desse modo, pôs um fim ao poder da ordem.

Assim sendo, por volta da Idade Média, o ouro tinha degenerado numa tentação, provocando embriaguez e avidez insaciável. A grata aceitação desse presente vindo de Deus havia sido esquecida. Logo vieram as viagens para a América dos caçadores de tesouros. Uma grande riqueza ainda está lá, no Museu do Ouro, em Bogotá, a capital da Colômbia: máscaras de ouro, ornamentos para o nariz, peitorais e até mesmo anzóis. Os índios do Peru ainda conservam a coroa de ouro do último rei, e nas festas dos solstícios de verão e de inverno eles dançam suas danças do Sol bem no alto, nos picos nevados dos Andes, usando máscaras de ouro.

O Poder do Ouro nos Tempos Modernos

Em tempos mais recentes, o ouro tornou-se o símbolo do poder do dinheiro. Nas regiões inóspitas do Alasca, por exemplo, os garimpeiros submeteram-se a sofrimentos inacreditáveis diante da perspectiva de encontrar pepitas de ouro; ou então batearam pacientemente os rios em busca de ouro, durante a vida inteira.

Na Austrália, colônia penal da Grã-Bretanha, descobriu-se ouro, vantagem econômica que ajudou o país no seu caminho para se tornar um Estado independente.

Na África do Sul, imensos veios de ouro foram descobertos sob Johannesburg, não muito longe dos ricos campos de diamantes – um dos lugares favoritos do Sol. Na Guerra dos Boeres, os ingleses atraíram os nativos para as terras do Sul, dando-lhes armas em troca de ajuda na luta contra os Boeres. O resultado foi a organização de uma força de trabalho negra, para minerar o ouro. Contudo, os mineiros não tinham qualquer familiaridade com o trabalho – de acordo com a tradição, eles deixavam todo o trabalho pesado para as mulheres! – e tiveram de ser treinados aos poucos e acostumados a trabalhar durante períodos regulares e a permanecer no fundo de minas extremamente quentes durante longo tempo. Não obstante, dois terços do ouro do mundo é produzido pela Rand Refinery. A produção diária é de quatro milhões de pés cúbicos de rocha contendo minúsculas partículas de ouro depositadas pelo mar, há milhões de anos atrás, em veios cuja espessura varia de algumas polegadas até vários pés. Numa profundidade de 4.000 metros há dezenas de milhares de trabalhadores negros (principalmente bantus) em atividade. Nos postos de recrutamento, nas cidades ao redor, eles fazem fila para conseguir esse trabalho. Para combater a poeira nas minas, borrifa-se água constantemente, de modo que a umidade da atmosfera está sempre ao redor de 90%, o que faz com que as pessoas transpirem muito durante este trabalho extremamente penoso. São usadas máquinas e dinamite para aprofundar cada vez mais e mais os túneis, e computadores para detectar possíveis desmoronamentos e dar alarme.

Qual é o propósito de toda essa atividade? Enfeitar-nos com ouro uma vez mais e, num gesto de gratidão, decorar nossos templos com ouro do Sol? Ou, como certa vez já aconteceu, transformar nossos lugares sagrados em casas de força para a humanidade? Isso é verdade apenas em parte. Na verdade, o ouro pode ser encontrado na boca das pessoas, brilhando entre o branco dos dentes remanescentes quando elas riem. É verdade que homens e mulheres usam anéis, relógios e braceletes de ouro. Contudo, a maior parte do ouro que foi trazido das profundezas da Terra, por meio de um trabalho tão duro, torna a desaparecer nas entranhas da Terra: em Fort Knox e em Manhattan, nos E.U.A., nos cofres das tesourarias dos governos do mundo inteiro. Ele é estocado na forma de barras – os Estados Unidos têm cerca de 9.000 toneladas de barras de ouro. O total existente no mundo vale, coletivamente, cerca de onze bilhões de dólares.

O ouro é considerado algo que sempre tem valor, embora seja bem sabido que ele não pode ser comido em tempos de carestia. Contudo as pessoas sentem que o poder emana dele.

Em 1816, a Grã-Bretanha introduziu o padrão-ouro, mais tarde abolido, quando os países empobrecidos da Europa já não tinham ouro suficiente, nos cofres dos seus bancos, para cobrir o valor nacional do papel-moeda que haviam imprimido. Apenas teoricamente cada nota pode ser trocada por ouro puro. O guinéu de ouro, o luís de ouro, um dia prodigamente distribuídos ao povo por reis movidos por um impulso generoso, fazem parte da história. A extorsão que os acompanhava significava que os pobres já haviam ganho o equivalente àquele luís de ouro multiplicado muitas vezes. Isso também já passou, ou apenas mudou de forma?

A abolição do padrão-ouro não foi realizada unicamente por motivos econômicos. Num outro nível, ela expressou a cessação do reconhecimento agradecido ao Deus-Sol que nos dá vida. O destino do homem não é decidido somente em termos econômicos.

A Natureza do Ouro

Qual é, porém, a natureza essencial do ouro?

O calor intenso que emana do ouro é calor solar, é energia vital. O ouro possui uma força que absorve continuamente o calor do Sol (mesmo quando o metal está oculto nas entranhas da Terra). O ouro é a substância ativa dos nervos da Terra. Os nervos dos homens também contêm ouro, o mesmo acontece com certos tipos de grãos. Deveríamos perguntar a nós mesmos o que estamos fazendo à nossa Mãe Terra quando destruímos os seus nervos, já tendo contaminado sua corrente sangüínea (os grandes rios) e arrancado os seus cabelos verdes (as florestas primitivas). Isso não é um matricídio? A cobiça do homem poderá custar-lhe caro.

O ouro (Au) distingue-se dos outros metais por causa da sua relutância em formar compostos. Ele tem uma estrutura interna muito forte, que está refletida na auto-afirmação das pessoas de Leo. O ouro é 19 vezes mais pesado que a água e é muito denso. Ao mesmo tempo, possui o resplendor e o brilho esplêndido que vem do Sol. Portanto, é um filho do Sol e também da Terra.

O ouro começa sua jornada na forma de pirita, que aparece aqui e ali na superfície da crosta terrestre. Em seguida, o oxigênio e a água agem sobre ele e ocorre a oxidação, em cujo processo o conteúdo de enxofre é consumido. Permanece o sulfeto férrico trivalente, que enferruja a sua superfície. Essa camada é chamada, pelos mineiros, de "capa de ferro". A chuva faz com que o sal férrico transude e, com a ajuda dos cloretos presentes, liberte os metais preciosos. A solução de ouro pinga de volta na camada sulfurosa e, quando há quantidades iguais de cada um deles, o equilíbrio produz o ouro. Hoje em dia, o ouro é liberado com o auxílio do cianureto de potássio.

O ouro é tão forte internamente, tão seguro de si, que pode ser batido até se transformar numa folha suficientemente delgada para permitir que a luz do sol brilhe através dele, dando-lhe um colorido azul-esverdeado, enquanto, visto de cima, permanece dourado. O ouro pode ser reduzido a uma espessura de 1/10.000 de milímetro e ainda assim continuar intacto, razão por que a douração é relativamente tão barata. Com um grama de ouro pode-se fazer um fio de 35 quilômetros de comprimento; é assim que se produz a filigrana mais delicada. Não podemos vencer o ouro nem mesmo durante o processo de resfriamento, quando ele se torna um perfeito condutor de eletricidade. Ele permanece soberano sob quaisquer condições. É especialmente precioso porque não perde o brilho, e nem sua aparência pode ser mudada pela formação de compostos. O ouro existe naturalmente em estado puro, exceto nos Urais, onde está misturado com platina, e na Ásia Menor, onde encontra-se combinado com a prata para formar o electro.

O ouro é medido em quilates. O ouro puro tem 24 quilates.

O ouro de 22 quilates, por exemplo, consiste de 22 partes de ouro puro para 2 partes de outro metal. O ouro de 18 quilates é, normalmente, usado para jóias, pois é suficientemente duro. Nove quilates é o conteúdo de ouro mais baixo qualificado para a ourivesaria. Na maioria das vezes, os outros metais são a prata e o cobre, este último porque conserva melhor a cor do ouro. O zinco, o cádmio e o níquel também são usados. O ouro branco é feito formando-se uma liga de ouro com níquel ou paládio. A placa de ouro é feita de bronze (ou de outro metal) com uma camada de ouro laminado.

O Uso do Ouro na Medicina

As propriedades curativas do ouro têm sido conhecidas durante milhares de anos. Hoje em dia a medicina alopática usa injeções de ouro no tratamento do reumatismo. Contudo, o ouro que há nessas injeções normalmente é grosseiro demais para ser absorvido pela maioria das pessoas. Por outro lado, são encorajadores os resultados produzidos por medicamentos homeopáticos com ouro, tomados por via oral. O que é notável é que o ouro ajuda, principalmente, naquelas doenças que são causadas pela falta de luz solar, como a nevralgia, que ocorrem com maior freqüência durante as longas noites de inverno.

O ouro ajuda as pessoas que sofrem de depressão profunda; as que acham que já não tem sentido viver por mais tempo; as que tentam o suicídio. Essas pessoas carecem de autoconfiança e se sentem profundamente inferiores. Elas não podem suportar influências ou estímulos externos. Têm medo das outras pessoas, da luz e dos ruídos, e são por demais sensíveis sexualmente. Seus olhos (os órgãos do Sol e de Vênus!) doem e, às vezes, elas só podem ver a metade inferior dos objetos (isso é o mesmo que ser sensível somente ao mundo espiritual – o mundo material é ignorado). Às vezes, essas pessoas enxergam "objetos ardentes que não estão ali". À noite, têm sonhos aterrorizantes e choram enquanto dormem. Nesses casos, a cabeça é purulenta, o hálito tem um cheiro desagradável e o paciente sente um grave desânimo.

Os que sofrem de escrofulose, assim como os que contraíram

doenças venéreas (sífilis) são igualmente beneficiados pelo ouro. Todos os males e doenças mencionados acima podem ser curados com *Aurum metallicum*, usado principalmente num estado de alta concentração, no mínimo D6, ou mais elevada. Outros compostos de ouro são:

Aurum sulphuricum, para a paralisia agitante, doença de Parkinson.

Aurum arsenicum, para anemia e clorose, aortite, pneumonia.

Aurum bromatum, para dores de cabeça neurastênicas, pesadelos, doenças vasculares.

Aurum muriaticum, para leucorréia amarela, esclerose múltipla, degeneração do sistema nervoso, verrugas na língua e nos genitais, hemorragias uterinas climatéricas, câncer, sinusite.

Aurum kali natrium, para endurecimento do útero.

Aurum iodatum, para arteriosclerose, doença vascular, otite, cistos ovarianos, paralisia senil.

Aurum muriaticum natronatum, especialmente eficaz no tratamento de tumores uterinos.

Pode-se, também, colocar um objeto de ouro num copo com água, por um intervalo de seis a vinte e quatro horas, e beber um gole de água de vez em quando.

Outras aplicações domésticas da terapia do ouro são:

Para arteriosclerose: esfregue a área do coração com um pequeno pedaço de ouro.

Para pressão alta: faça o que foi indicado acima, duas vezes por dia, durante oito dias.

Para perda do sentido de equilíbrio: esfregue a coluna vertebral com ouro, duas vezes por dia, durante doze dias.

Para hérnia: esfregue com ouro, duas vezes por dia, o local onde houve a ruptura.

Para laringite: esfregue o pescoço com ouro, duas vezes por dia.

Para paralisia: esfregue, com ouro, o pescoço, a testa e a coluna vertebral, duas vezes por dia.

As Pessoas de Ouro

Nós chamamos de Leo, o Leão – um dos signos do zodíaco – o tipo de pessoa especialmente sintonizada com o ouro. Nelas podemos ver muitas correspondências com as características do ouro. A densidade elevada do ouro e sua recusa a ser perturbado por influências externas corresponde à grande autopercepção e autoconfiança da pessoa de Leo. Além disso, a qualidade coesiva do ouro corresponde ao poder se adaptar compreensivamente às necessidades do ambiente que a cerca. Os leoninos darão presentes e oferecerão generosamente sua proteção – as pessoas de ouro são sempre generosas, nobres, radiantes e desprendidas.

As pessoas de ouro conhecem seu próprio valor. Querem ser notadas, querem ocupar o lugar de honra e atuar como representantes. As cortesias e a adoração constituem alimento para suas almas. Às vezes, isso as levará a dar ouvidos a lisonjas com excessiva freqüência. Outras vezes, elas são vaidosas e gostam de se vestir muito bem para que as admirem. Os leoninos adoram grandes festas onde possam ocupar lugares de evidência e se sentem muito felizes na companhia de figuras importantes. Certamente, não suportariam que sua majestade fosse ofendida – eles rugiriam como um leão, o rei da selva!

Sim, o ouro é o metal do Sol e dos Reis!

MAGNÉSIO

O magnésio, ou terra-amarga, é um mineral a respeito do qual a maioria das pessoas sabe muito pouco. Seu valor, certamente, é subestimado. O magnésio age como um ponto de contato para a energia do Sol e traz vida para as plantas, que precisam dele para produzir clorofila; o magnésio transforma qualquer solo em boa terra, produzindo grãos alimentícios saudáveis. Se uma pessoa tem magnésio suficiente no sangue, isso dá a ela uma sensação de tranqüilidade e de segurança íntima, coisa de que, hoje em dia, o habitante neurótico da cidade tanto necessita. O *delirium tremens* resulta da falta de magnésio no sangue.

O magnésio é terroso e amargo. Há um velho provérbio holandês que diz que, se alguma coisa tem um gosto amargo, é boa para o coração. Sim, é benéfica porque foi fortalecida pela energia do Sol – e não somente para o coração, mas também para o fígado. Esses órgãos são as nossas duas fontes de vitalidade.

O magnésio, que recebeu este nome por causa da cidade de Magnésia, na Ásia Menor, foi descoberto como um metal presente na crosta da Terra em 1775. Esse foi o início de um período de descobrimento de substâncias e energias que a natureza nos tem fornecido. Nesse tempo, o homem ocidental era uma pessoa completa e estava começando a controlar o mundo material: seu ego tinha se tornado tão substancial quanto a crosta da Terra. Aprendera a pensar analiticamente e então começou a estabelecer diferenças entre os minerais de acordo com as características e o comportamento deles. Examinemos, então, a natureza do magnésio e seus usos hoje em dia.

As Propriedades do Magnésio e Seus Usos Técnicos

O magnésio (Mg) é um metal branco-prateado, com uma estrutura cristalina hexagonal, que ocorre naturalmente, em abundância, nos mares e também na crosta da Terra. Como minério, forma 2 1/2% desta última, a porcentagem mais elevada depois do ferro e do alumínio.

A propriedade mais impressionante do magnésio é o seu peso diminuto: ele tem um peso específico de 1,74. O alumínio, que também é leve, pesa uma vez e meia esse tanto, o ferro quatro vezes mais e o cobre e o níquel cinco vezes esse tanto. Embora durante muito tempo já se soubesse que uma enorme quantidade de cloreto de magnésio estava presente nos oceanos, e que os minérios de magnesita e dolomita continham magnésio, não se sabia de que modo extrair o magnésio. Isso só pôde ser feito depois da invenção da eletrólise. Ficou provado que é fácil trabalhar com o magnésio – podemos fazer praticamente qualquer coisa com ele. Ele pode ser esticado, dobrado, torcido, laminado, rebitado, e assim por diante. Na indústria, ele é manipulado a uma temperatura de várias centenas de graus Fahrenheit; mas na maioria dos casos é razoavelmente fácil manipulá-lo a temperatura ambiente. Na vida cotidiana, geralmente nós topamos com o magnésio na forma de pó – o *flash* de um fotógrafo, por exemplo. Podemos até mesmo ficar um pouco apreensivos diante de sua alta inflamabilidade; o magnésio é usado na fabricação de fogos de artifício e de bombas incendiárias. Contudo, ele só se inflamará quando estiver derretido e com um abundante suprimento de ar. Na América, ele é usado até mesmo para fazer frigideiras.

No ano de 1900, um total de 10 toneladas de magnésio foi extraído no mundo inteiro; em 1920, essa quantidade subiu para 1.000 toneladas, em 1937 para 20.000 e, em 1943, durante a guerra, para 238.500 toneladas. O magnésio foi usado principalmente na fabricação de veículos de transporte para tempos de guerra. O fato de pesar tão pouco fez com que se tornasse o metal mais usado para a construção de automóveis e de aviões. As grandes indústrias automobilísticas consomem mais de um sexto da produção total do mundo, que é fornecida principalmente pela U.R.S.S., a Noruega e os Estados Unidos. A Volkswagen, sozinha, usa uma quantidade significativa: foram usados cerca de 22 quilos por carro na fabricação do "Beetle" (agora fabricado apenas na América do Sul), por causa da necessidade de diminuir o peso no motor traseiro.

O magnésio é mais rápido e mais fácil de trabalhar do que o alumínio e as indústrias em expansão o estão utilizando para mais e mais finalidades. As vendas estão subindo firmemente – a média de aumento é de doze por cento ao ano. Como é um metal leve, ele não se desgasta facilmente, mas, em certos casos, tem de ser recoberto por uma camada de cromo mediante sua suspensão numa solução aquecida de sais de cromo. Isso produz uma cobertura oxidada, negra ou cor de ouro.

O magnésio usado comercialmente consiste de pelo menos 30%

de alumínio, 1/2% de zinco, para torná-lo mais duro, e 1/2% de manganês, para prevenir a corrosão. Por meio da adição de menos de 1% de zircônio, as partículas são reduzidas 500 vezes, o que torna o metal mais forte e mais maleável (descoberta feita pelos alemães e desenvolvida pelos ingleses). O tório torna-o mais resistente ao encolhimento. Para aparelhos a jato, o magnésio é usado em composição com 0,7% de zircônio, 3% de tório e 2,5% de zinco.

O magnésio fundido é a forma mais comumente usada desse metal. Durante a II Guerra Mundial, os trens de aterrissagem retráteis dos aviões eram feitos de magnésio fundido. Os assentos dos pilotos eram feitos de tubos de magnésio e os tanques de combustível, com

MAGNÉSIO

A essência do magnésio é a força solar que, em colaboração com o oxigênio, é responsável pelo verde da folhagem. O magnésio traz vida para as plantas e nos dá coisas boas para comer, na forma de frutos cheios de sol. (Gravura em madeira, de Egenolph, de data desconhecida.)

chapas de magnésio. Somente na Inglaterra, quase um milhão de rodas de aeroplanos foram fabricadas com magnésio durante a II Guerra Mundial.

O magnésio também é empregado nas partes fundidas de ferramentas automáticas portáteis, nas máquinas têxteis, câmaras e máquinas de escritório. A fabricação de latas para alimentos requer alumínio juntamente com 4% de magnésio. As propriedades eletroquímicas do magnésio são utilizadas principalmente na fotografia e na tipografia. Da produção mundial total de magnésio, um terço é usado em ligas; um terço para finalidades químicas e anticorrosivas; um sexto na indústria automobilística; e um sexto é destinado a outros usos.

O suprimento natural de magnésio é inexaurível. 0,1% do magnésio presente nos oceanos é suficiente para manter o homem em atividade por mais de meio milhão de anos. Um quilômetro cúbico de água do mar fornece um milhão de toneladas de magnésio, sob a forma de cloreto de magnésio, que produz cloro vendável como subproduto e consiste de dois quilos de cloro para um quilo de metal.

Toda a área que se estende do norte da Holanda até a Polônia esteve coberta por inúmeros mares interiores. Em Groningen, o magnésio deve ter sido depositado há aproximadamente 240 milhões de anos, na forma de sais de magnésio. Nesses lugares, o clima era bastante quente e seco, resultando daí que a água se evaporava muito gradualmente. De fato, existiram quatro desses períodos. A composição das camadas parece depender fortemente da rapidez do processo de evaporação e, como este variou de período para período, encontramos camadas de composições diferentes. As depressões na crosta terrestre demonstram que essas camadas estavam no fundo e podiam ser cobertas por novos sedimentos. Essas rochas mais novas, depositadas no leito de um oceano formado mais recentemente, eram, em regra, consideravelmente mais pesadas que o sal, que, em conseqüência, amiúde era empurrado para cima pela pressão. Desse modo, formaram-se domos e pilares de sal com uma altura e uma espessura de vários quilômetros. Os topos desses domos estão alguns quilômetros abaixo do solo. Na região noroeste da Europa, há três zonas onde esses domos de sal podem ser encontrados. Uma zona vai do Norte até o Sul, atravessando praticamente o meio do Mar do Norte. As outras duas vão do Leste para o Oeste; uma do norte da Dinamarca em direção ao leste e outra do norte da Holanda para a Polônia, passando pelo norte da Alemanha.

O Uso do Magnésio na Medicina

O magnésio é um remédio homeopático bem conhecido. É usado em três formas: *Magnesium chloratum* (ou muriato), *magnesium phosphoricum* e *magnesium carbonicum*.

O *magnesium chloratum*, ou cloreto de magnésio, é um remédio usado principalmente na escrofulose e em neuropatias; ao mesmo tempo, é bom para o fígado no caso de mulheres que sofrem de infecções abdominais prolongadas, que muitas vezes não são percebidas e que às vezes também exibem sinais de problemas crônicos do fígado, cuja causa não pode ser determinada. Também é recomendado para males tais como icterícia e cálculos biliares, acompanhados de dores de cabeça. A insônia, as dores e a agitação, especialmente a incapacidade de manter as pernas imóveis, são sintomas típicos de males tratáveis com o cloreto de magnésio. Além disso, o cloreto de magnésio seca cistos e tumores. Há algum tempo, na Bélgica, houve uma corrida às farmácias depois que um artigo de jornal recomendava o cloreto de magnésio como cura para o câncer.

O *magnesium phosphoricum* é o remédio usado pelo professor Schüssler (que inventou a teoria dos doze sais bioquímicos) para todos os tipos de cãibra e nevralgia. Alivia as dores agudas não-localizadas, que normalmente ocorrem à noite. Acalma os tipos de cólica que levam o paciente a dobrar o corpo com a dor. É um bom remédio para as dores abdominais matinais das crianças escrofulosas – para não mencionar a coqueluche, inchaços na garganta, asma nervosa, cãibras do coração e do estômago, cólicas intestinais, hepáticas e renais, e cãibras ocupacionais, tais como as cãibras de escritores, pianistas e violinistas. Também é o melhor remédio para cólicas menstruais.

Magnesium carbonicum tem um efeito relacionado com o anteriormente descrito, mas é usado especialmente em crianças e mulheres fracas, sensíveis e ansiosas. Está associado a cura de queimaduras, endurecimento e dores espasmódicas nos músculos e pontadas como relâmpagos ao longo dos nervos. Esta condição é, normalmente, acompanhada por uma aversão à carne e ao leite: o estômago sofre de acidez excessiva e muitas vezes há presença de catarro no estômago e nos intestinos.

A Natureza do Magnésio

É fato bem conhecido que o magnésio deve estar presente nas folhas das plantas para que estas produzam a clorofila com a ajuda do sol. Na verdade, o magnésio pertence à mesma categoria do Sol (na Astrologia, ele está relacionado com Leo, o signo do Sol). Tem a mesma função irradiante do Sol, e do órgão solar no corpo humano, isto é, o coração. Aumenta o campo de irradiação dos seres vivos. E, assim, torna as pessoas cordiais, magnânimas, conscientes da própria energia e, conseqüentemente, relaxadas. O magnésio existente no sangue leva o ferro e o cálcio para os lugares a que se destinam. Dá resistência às influências exteriores porque forma ângulos retos com as linhas de força num campo magnético: é diamagnético (é repelido por um ímã). Pedras preciosas contendo magnésio, tais como a crisólita (peridoto, olivina), um silicato de ferro e magnésio, desde os tempos antigos sempre tiveram a fama de quebrar encantamentos.

A deficiência de magnésio reduz o campo de radiação do coração, produzindo tensão, medo, paroxismos cardíacos (angina pectoris) e outras cãibras. Isso faz com que a pessoa perca o entusiamo pela vida, seus poderes de resistência, a presença de espírito e a faculdade de autocontrole. O Ego perde o seu domínio sobre o "eu" físico. Então, as emoções tomam conta da moção (= movimento), e são emoções principalmente eróticas e sexuais, relacionadas com Scorpius, que está diretamente oposto a Leo. Isto está simbolizado no mito grego de Faetonte, o filho do Deus-Sol Apolo, que saiu do carro de sol de seu pai e sofreu um desastre quando viu a constelação de Scorpius no céu.

Nos solos onde o magnésio está presente, os cereais aí produzidos são ricos desse metal, podendo-se então observar uma notável redução na incidência do câncer nessas regiões. Até recentemente, esse foi o caso no delta do Nilo, que, durante a enchente anual, ficava saturado de água rica em magnésio. Desde a construção da represa de Assuã, as enchentes cessaram e agora o governo egípicio espalha fertilizantes artificiais para enriquecer as terras do delta. Pode-se predizer o resultado. O fertilizante artificial consiste principalmente de potássio, que torna as colheitas superficialmente maiores e mais abundantes, porém mais fracas internamente, uma vez que o potássio em demasia bloqueia o magnésio. Nas proporções certas, eles trabalham juntos, por exemplo, para benefício dos nervos. O fosfato de potássio cura a neurastenia, e o magnésio a nevralgia. O potássio em excesso transforma a irradiação em agressão e perturba o funcionamento da glândula pituitária, que mantém a interação com o meio ambiente. A influência do uso generalizado do fertilizante artificial nas colheitas de alimentos produziu uma geração fraca, de pernas compridas e sem habilidade para se comunicar com os seus semelhantes! Isso pode ser atribuído a uma deterioração da glândula pituitária.

O potássio excita o desejo de fazer coisas sem jamais completá-las; o magnésio, por outro lado, torna a pessoa verdadeiramente construtiva.

O magnésio mantém a cabeça e o sangue frios em circunstâncias emocionais e alcaliniza o sangue, retardando o envelhecimento. É parte essencial da nossa dieta e está presente em amêndoas, frutas cítricas, uvas, maçãs, cerejas, pêssegos e castanhas, entre outras coisas; falando de um modo geral, está presente na parte das plantas que fica acima do solo e que amadureceu ao sol.

O magnésio é solar em essência, o que significa que transmite energia e absorve venenos. Pode ser comparado ao coração, que bombeia sangue oxigenado no corpo e retira substâncias venenosas através das veias. Pode, por seu turno, ser comparado ao bom soberano, que obriga seus ministros a governar com justiça, enquanto ele próprio preside e pronuncia as sentenças nas audiências onde falam os queixosos. O magnésio é, sempre, o ponto de partida de um ciclo.

As Pessoas de Magnésio

São as pessoas que gostam de dar, bem como de receber. Elas dão amor e esse amor é devolvido. São pessoas que, quando menos, despertam admiração só porque os outros as acham atraentes. É o artista que toca o coração da sua audiência e é pago, em troca, com uma aclamação estrondosa.

As pessoas de magnésio sempre se destacam; as demais se aquecem na sua irradiação benevolente e aproximam-se delas como suplicantes, confiando na força que elas possuem. Elas estão, automaticamente, no centro de qualquer grupo, no lugar de honra, distribuindo dádivas, favores e bons conselhos e recebendo provas de gratidão. Muito naturalmente assumem a liderança e são escolhidas como líderes, presidentes ou diretores. Em suma, as pessoas de magnésio são pessoas do Sol.

ANTIMÔNIO

Fontes e Propriedades do Antimônio

Os minérios de antimônio (Sb) são encontrados no mundo inteiro. A Ásia oriental costumava ser a fonte mais comum de antimônio, particularmente a província de Huna, na China. No Japão, têm sido encontrados cristais de antimônio com metros de comprimento. No século passado, a Ásia produziu 46% da produção mundial; hoje em dia este número está em torno de 15 a 20%. Atualmente, as fontes mais importantes são o México e a Bolívia. A Europa produz 22%, que vêm principalmente da Iugoslávia, da Tchecoslováquia, da

França, da Hungria e da Áustria. Durante quatro mil anos, Schlaining (Burgenlad) tem dado a sua contribuição, e, desde então, em ordem decrescente de produção, vêm a Argélia, a Austrália, o Canadá, a Itália, a Rússia, os E.U.A e a Turquia.

Na aparência, o antimônio assemelha-se ao zinco. Embora não seja duro, é quebradiço e pode se transformar em pó quando batido com um martelo. Esse metal ativo, brilhante, de um branco prateado, forma a ponte entre os não-metais e os metais. Seu símbolo é Sb (*Stibium*).

Na indústria, dificilmente ele é usado sozinho, mas costuma ser adicionado ao chumbo para endurecê-lo, quando se destina, por exemplo, à fabricação de tipos de metal para prensas tipográficas. Também é adicionado ao estanho para fazer solda. É usado em ligas duras para acumuladores e em ligas de chumbo para cabos telefônicos etc. Os compostos de antimônio são usados na preparação de remédios, em eletrodos, em catalisadores, na cerâmica, no vidro, em plásticos, em pigmentos, em materiais à prova de fogo e em munições.

O antimônio puro dificilmente ocorre de forma natural; normalmente, é encontrado no minério de antimônio, a estibina (Sb_2S_3; chumbo cinzento; *Grauspiessglanz*). A estibina, também chamada antimonita, é um componente de veios minerais formados em baixas temperaturas; usualmente é acompanhada pela pirita, pela galenita e por minérios de arsênico, e, às vezes, também pelo cobre e pelo zinco. Assim como estes, é encontrado em centenas de outros tipos de minerais, como o sulfeto de antimônio, o sulfato de cobre, o sulfato de prata, o sulfato de mercúrio, a jamesonita, que contém chumbo, e a berterita, que contém ferro.

Uma notável característica do antimônio é a sua tendência para combinar-se com o enxofre, com o qual tem propriedades similares. O antimônio é bastante denso (6,7), funde-se e inflama-se com facilidade e evapora rapidamente. Seu ponto de fusão está por volta dos 630°C e seu ponto de ebulição por volta de 1.635°C que, no vácuo, é reduzido para 735°C. Quando jogada sobre um pergaminho, uma gota do metal fundido espalhar-se-á em minúsculas gotículas, mais ou menos como o mercúrio, que se movimentam sobre o papel conforme forem se queimando. A combustão produz uma fumaça branca de óxido, que se deposita como desenhos de cristais de gelo sobre superfícies frias.

O antimômio combina-se com o hidrogênio para formar um gás volátil, extremamente venenoso. Este gás pode ser condensado por meio da adição de ar líqüido e oxigênio contendo ozônio, sendo que o antimônio resultante se assemelha ao enxofre. É amarelo brilhante, tem um peso mais leve do que na sua forma metálica e é altamente reativo e instável.

O antimônio é muito mau condutor de eletricidade e também de calor; comparado com a prata, sua condutividade de eletricidade é de apenas 3,86:100.

Além disso, o antimônio não é atraído por forças magnéticas; é

ANTIMÔNIO

Durante um período de alguns séculos, a verdadeira "Arte Hermética" foi negligenciada em favor de tolas investigações da matéria bruta. Não obstante, estas últimas trouxeram descobertas tais como a do metal-solar, o antimônio. A seguinte prece alquímica aplica-se tanto ao antimônio quanto ao ouro: "Limpa nossas almas da escuridão horrível e acende uma luz para a nossa compreensão". (Alquimistas trabalhando no seu laboratório. Gravura em madeira, século XV.)

diamagnético, o que significa que, quando colocado entre os pólos de um ímã em forma de ferradura, não se alinha ao longo das linhas de força do campo, mas em ângulos retos com elas.

O antimônio é resistente à eletricidade. Se o separarmos de uma solução de cloreto de antimônio passando uma corrente elétrica através dele, ele fica depositado no catodo, como um metal, na forma de um pó negro. A fricção e o calor fazem-no retornar à sua forma normal, numa reação que produz calor e luz (trovão e relâmpago) e pequenos ruídos de explosão. Este antimônio explosivo tem uma forma menos rígida e tem menos peso do que o metal comum. Provavelmente, ele conservou energia da luz e calor em excesso, o que faz com que resista à forma mais pesada, mais sólida, e também à corrente elétrica.

Quando resfriado, o antimônio, como a água, consolida-se ao atingir o ponto de congelamento; conforme se solidifica, ele se expande e se torna mais leve. Essa propriedade é que torna as ligas de antimônio adequadas para a fundição de tipos de impressão, porque ele se expande e preenche as fendas mais pequeninas. Quando se solidifica, o antimônio assume a mesma forma de cristal hexagonal do gelo. Tanto o minério, a estibina, como o metal, o antimônio, batalham pela forma de um feixe de estrias. O antimônio segue facilmente os caminhos das estrias presentes no seu ambiente. Pode ser fundido na chama de uma vela e despejado sobre lâminas de ferro, onde forma projeções semelhantes a espinhos. Desse modo, produz-se aquela forma do metal que tem uma delicada estrutura fibrosa e é chamado de *antimonium crudum.*

A Natureza do Antimônio

Por que o antimônio perdeu o prestígio? Em certa época, ele foi altamente valorizado – os antigos sumérios, os antigos egípcios e os antigos gregos faziam com ele taças para beber e cosméticos para os olhos, e o usavam como remédio para males da garganta, dos olhos e dos órgãos genitais (as três áreas de Vênus), assim como para a melancolia. No fim da Idade Média, gozava de extrema popularidade como remédio para todas as doenças.

Esses povos da antigüidade ainda possuíam a capacidade de reconhecer a energia e a *essência* de uma substância natural, habilidade obviamente perdida com o nascimento da era do racionalismo. Então, somente a substância física passou a interessar, e as formas brutas, impuras, passaram a ser vistas mais como venenosas e, portanto, mais perigosas do que úteis. Que sejam jogadas fora, pois há muitos outros remédios! Agora, a mente humana está novamente tomando uma nova direção, aliás, uma direção oposta, e está redescobrindo as possibilidades medicinais do antimônio. Isso começou com os antroposofistas, que seguiram os ensinamentos de Rudolf Steiner.

Na natureza, as substâncias sempre ocorrem em pares de opostos que se equilibram mutuamente. É este o caso de vários hormônios que formam as duas metades de uma glândula – por exemplo, o córtex e a medula das glândulas supra-renais. Os dois hormônios produzidos são como o *yin* para o *yang*, e dão ao espírito sua capacidade de ter medo e de ter coragem. Essas qualidades são mantidas na proporção correta pelo equilíbrio dos hormônios. Na crosta da Terra, o antimônio é encontrado com o enxofre, como uma oposição entre *forma-energia* e *substância*. Enxofre, proteína, protoplasma: estas são as substâncias básicas (vida-energia cósmica) das quais surgem todas as coisas vivas, tão logo a energia-forma é fornecida para obrigar a matéria bruta a assumir um determinado padrão, para dar a ela uma estrutura. O enxofre é a substância, o antimônio é a energia-forma. Conseqüentemente, eles devem trabalhar juntos.

Quando uma pessoa perde o equilíbrio e o seu pólo-vida é mais forte do que o seu pólo-pensamento, os materiais existentes em seu corpo agem por conta própria porque o "Eu" não tem controle sobre eles. Um ego fraco significa um fígado fraco, incapaz de lidar com a comida digerida que lhe é fornecida pelo intestino, da qual se supõe que o fígado separe as substâncias de estrutura conhecida daquelas que são estranhas e, com a ajuda das primeiras, transforme as substâncias estranhas em algo inofensivo. É assim que o fígado limpa o sangue.

Se o fígado não consegue fazer com que as proteínas estranhas assumam formas aceitáveis para o corpo, e não consegue transformá-las em substâncias que possam ser absorvidas pelo corpo, essas proteínas estranhas agem como venenos perturbadores e, então, surge uma alergia que, por exemplo, pode tomar a forma de eczema.

Igualmente, se influências ambientais são recebidas por uma mente insuficientemente crítica, elas farão com que ela pareça tola, como crianças de escola numa sala de aula onde o professor é incapaz de manter a ordem. A pessoa reage irracionalmente às emoções, carecendo de autocontrole em conseqüência de enxofre em demasia e de pouco antimônio na sua mente e também no seu corpo. O "Eu" e a vontade ou são fracos demais ou são indiferentes demais, e se retiram para o seu próprio pólo, de modo que uma pessoa totalmente intelectual, que despreza seu corpo, não está, por assim dizer, plenamente encarnada. Não houve uma compreensão mútua entre a substância básica e a forma-energia.

Para restabelecer o equilíbrio e a cooperação entre o corpo e a mente, a pessoa deve suprir-se de antimônio. Primeiramente, a energia deve ser liberada do metal, porque o antimônio pode agir como um veneno se for usado numa forma excessivamente bruta. Por essa razão, os alquimistas da Antigüidade e os antroposofistas de hoje separam o antimônio do enxofre, fazem com que ele se reduza à sua forma gasosa e, então, condensam-no sobre uma superfície fria. Neste chamado "espelho de antimônio" a energia é encontrada na sua forma mais concentrada e eficaz. Se então a pessoa introduz esse antimônio (como *stibium D6*, por exemplo) como um remédio dentro de seu corpo, ele imediatamente procurará qualquer enxofre existente e o alinhará com a sua própria estrutura. O espelho de antimônio é obtido levando-se o gás através do estágio líquido até a forma sólida o mais rapidamente possível. É então que ele forma desenhos como aqueles formados pelo gelo nos vidros de uma janela, logo que qualquer vapor que o acompanha primeiro é condensado e depois congelado. O antimônio forma uma figura irradiante em forma de estrela, que os alquimistas chamavam de régulo de antimônio (régulo = o rei): a essência do metal tornada visível. (O régulo de Vênus é um composto de cobre e antimônio.) A verdadeira energia não está presente nos raios da estrela, mas nos espaços intermediários, onde age sobre a matéria e a dispõe segundo o desenho de raios. Essa energia que procura o centro do desenho é necessária ao homem, para dar substância ao ego e cristalizá-lo. Era isso o que as raças antigas estavam fazendo.

Quando o ego dos povos ocidentais alcançou um desenvolvimento suficiente, o antimônio pôde retirar-se para o segundo plano. Agora, na segunda metade do século XX, está acontecendo o oposto: as pessoas estão rejeitando o ego e os jovens perderam sua independência, preferindo uma existência coletiva. O pólo-vida estabeleceu-se com grande força e o pólo-pensamento está se enfraquecendo visivelmente. Tudo gira em torno do sexo, isto é, do enxofre, e de uma vida caótica e esmagadora, muito embora a energia-forma (o antimônio) talvez possa ser usada para combater a degeneração.

As raças da Terra nas quais a estrela de antimônio está claramente em ação têm uma cultura inextirpável, que lhes foi dada, em suas vidas terrenas, pela irradiação do antimônio. Essas culturas – a chinesa, por exemplo – estão orientadas para as energias, leis e afinidades cósmicas em todas as áreas da vida cotidiana. Não é muito surpreendente, portanto, que grandes quantidades de antimônio estejam presentes no solo da China, e tenham sido extraídas e usadas por milhares de anos. E na Bolívia, a terra mais rica em antimônio, depois da China, vive uma raça índia que ainda se lembra de sua grande cultura do passado.

No reino da matéria, Paracelso (1493-1541) diferenciou entre um estado de substância celeste e um terrestre, e um outro que combinava ambos. A esses estados ele chamou Enxofre, Sal e Mercúrio, respectivamente. Ele não estava se referindo às substâncias reais – o enxofre, o sal e a prata-viva (azougue) – como a ciência julgou posteriormente, mas estava indicando uma diferença na natureza essencial. O homem também tem essas três coisas: o Enxofre, como seu pólo-vida ou pólo-encarnação, localizado nos órgãos sexuais; o Sal, como seu pólo-pensamento ou pólo-abstrato, localizado na cabeça e que cristaliza a vida na forma de idéias; e o Mercúrio, na circulação do sangue e também na eletricidade dos nervos, que liga as outras duas partes.

Nas plantas, o Enxofre é encontrado nas flores, com seus pistilos e estames erguidos para o Sol, enquanto o Sal pertence às raízes duras que estão enterradas no chão. As folhas representam o mercúrio.

Na Europa, a velha sabedoria dos celtas e dos germanos foi despedaçada pela força militar dos romanos, que foram seguidos pela histérica Idade Média. Ocultistas e feiticeiras, que preservaram aquilo que restara da sabedoria antiga, foram forçados a se esconder para não morrer na fogueira. Os alquimistas passaram a ter uma compreensão cada vez menor da natureza da matéria, e sua arte se tornou superficial. O antimônio só conservava a sua importância na qualidade de uma substância usada na purificação e separação do ouro da prata. Sendo o seu efeito purificador tomado num sentido simbólico, o antimônio adquiriu erroneamente uma importância exagerada nas práticas fraudulentas dos caçadores de bruxas.

Uma dessas práticas, que passou para a história, resultou no julgamento dos "demônios de Loudun" – das freiras que, em 1643, pensava-se, estavam possuídas pelo demônio. Entre outras coisas, o mau uso do antimônio contribuiu para aquilo que conservou sua fama como um escândalo de grande alcance, da igreja e do mundo.

Paracelso possuía ainda a percepção antiga, e a arte espagírica de preparar remédios extraídos de plantas ainda era praticada por umas poucas pessoas, que sabiam lidar com o antimônio. Elas o consideravam uma substância que podia assumir as cores de todas as pedras preciosas e de todos os metais, e que podia unir, em si mesma, os poderes de todos eles, de modo a substituir o carbúnculo, o diamante, a safira, a esmeralda, o jacinto e a granada, assim como o ouro, a prata e outros metais usados na medicina. Numa das suas obras, o monge beneditino Basilius Valentinus sustenta que nenhum dos seus contemporâneos podia ter qualquer idéia dos poderes, virtudes e eficácia do antimônio.

"Se existisse uma pessoa que compreendesse corretamente este remédio, ela mereceria ser carregada em triunfo, como um príncipe ou um general vitorioso – o antimônio triunfará sobre os seus atacantes e derrubará as tropas de seus oponentes! Ele cura a lepra e a nova doença francesa; purifica o sangue, combate o veneno e é um remédio para as doenças do peito. O óleo de antimônio destilado restaura a juventude e afasta a melancolia, renovando não só os cabelos e as unhas mas também o corpo inteiro, como uma fênix rejuvenescida pelo fogo."

As obras reunidas de Valentinus que, embora não identificado, foi bem conhecido como um grande curador e amigo de Boerhaave, foram publicadas em 1673, em Amsterdã, sob o título *Currus Triumphalis Antimonii* – *O Carro Triunfal do Antimônio*. Supõe-se que foi Valentinus – que usava o antimônio nas suas pesquisas científicas realizadas dentro do mosteiro – quem deu a esse metal o nome que ele tem – antimônio (ou "antimonachium", contra os monges), a antítese da solidão.

As seguintes preparações de antimônio foram usadas na medicina:

Sulfeto de Antimônio e alguns dos seus compostos; óleo de antimônio ou tricloreto de antimônio; pó *de algarote* (com uma base de cloreto de antimônio); *kermes mineralis* (trissulfeto de antimônio); e um emético que era preparado dissolvendo-se o *crocus metallorum* (uma mistura de sulfeto de antimônio e de óxido de antimônio) em vinho branco.

O *vinho branco* também era tomado em taças feitas de antimônio e o óxido de antimônio, presente no vinho, fazia a pessoa vomitar. As pílulas de óxido de antimônio, *pillulae perpetuae*, que custavam muito caro, eram os mais preciosos de todos os preparados. Uma família possuía normalmente apenas uma pílula, que era engolida pelo doente e depois era retirada das suas fezes, passava por uma limpeza e estava pronta para ser usada novamente.

No século XVIII, uma luta feroz entre os que eram contra e os que eram a favor do uso do antimônio na medicina acabou fazendo com que este fosse riscado da farmacopéia da maioria dos países da Europa, embora recentemente ele tenha voltado a atrair a atenção.

O *Antimonium crudum* foi um dos grandes arcanos de Paracelso. Ainda é usado na homeopatia, no tratamento de distúrbios caracterizados por calosidades dolorosas na sola dos pés, ulceração nos cantos da boca, rachaduras na pele e unhas deformadas. Além dessas, o antimônio é ministrado para as pessoas que não podem suportar o Sol e para crianças que não gostam de ser tocadas ou olhadas.

O *Antimonium arsenicosum* é usado para tratar a pneumonia acompanhada de uma temperatura muito alta, grande fraqueza e muco persistente.

O *Antimonium sulfuratum aurantiacum* (pentassulfeto de antimônio com casca de laranja) é usado especialmente para o enfisema dos pulmões e a asma senil.

O *pentassulfeto de antimônio com tártaro* é o depósito de potássio acidífero encontrado nas paredes dos tonéis de vinho, depósito que dissolve o óxido de antimônio para formar o *tartarus stibiatus*. É eficaz nos casos em que o funcionamento metabólico dos tubos bronquiais está afetado. É usado em casos de doença constante, rápida perda de forças com fraqueza do coração, temperaturas elevadas e ansiedade aguda.

Médicos antroposofistas preferem usar o espelho de antimônio (como *Stibium D6*) para hemorragias, problemas do estômago e dos intestinos, e para eczema; neste caso, é dado juntamente com pomada de antimônio para uso externo.

De modo geral, pode-se dizer que o antimônio é próprio das pessoas que não estão totalmente encarnadas, cujos egos não controlam cada polegada de seus corpos. São esses os tipos neurastênicos, que vivem principalmente por meio do seu pólo-pensamento e negligenciam o seu pólo-vida: o oposto do tipo histérico, que pode fazer qualquer coisa com o corpo e vive completamente pelo seu pólo-vida.

O antimônio fortalece o ego, a memória e a consciência. Ele desperta o indivíduo, devolvendo-lhe a força de vontade e a iniciativa.

Por suas propriedades coagulantes e fortalecedoras, o antimônio é ministrado aos que sofrem de hemorragia (hemofilia) e veias dilatadas (hemorróidas, veias varicosas); para todas as aflições causadas pelo mau funcionamento do fígado, para úlceras estomacais e duodenais (na forma de *kalium aceticum cum stibio*); para eczemas, alergias e desordem dos brônquios.

O antimônio força as energias-vida (proteínas) de volta para sua estrutura e forma corretas.

Usos Domésticos do Antimônio

Difteria: coloque 100 gramas de antimônio num litro de água e deixe repousar por 5 horas. Massageie a garganta com essa água duas vezes ao dia, durante nove dias.

Hemorróidas: massageie o ânus com essa água.

Albuminuria: coloque 350 gramas de antimônio num litro de água e deixe repousar por 12 horas. Massageie a área da bexiga com essa água.

Artrite: coloque 10 gramas de antimônio num litro de água e deixe repousar. Massageie a junta com essa água quatro vezes ao dia, durante quatro dias.

Catarata: coloque um pedaço de antimônio num copo com água durante 6 horas e banhe o olho com essa água seis vezes ao dia, durante seis dias.

Dilatação do coração: esfregue a área do coração, durante três minutos, com um pedaço de antimônio, duas vezes ao dia, durante doze dias.

Nefrite: esfregue as costas do paciente, na área dos rins, com um pedaço de antimônio duas vezes ao dia, durante três dias.

Reumatismo com inchação: massageie duas vezes ao dia, durante doze dias, com um pedaço de antimônio.

Tumores: coloque 300 gramas de antimônio num litro de água durante cinco horas; em seguida, massageie duas vezes ao dia com essa água.

As Pessoas de Antimônio

As pessoas de antimônio são pessoas ideais. Elas constituem um exemplo perfeito do "*mens sana in corpore sano*"; o equilíbrio da mente e do corpo funcionando em conjunto, perfeitamente – o homem em harmonia.

As pessoas de antimônio vivem com a cabeça nas nuvens e os pés firmemente plantados no chão, deixando que a força cósmica criativa flua através de todo o seu ser. Tudo o que elas fazem, fazem bem-feito. Elas são calmas e cheias de autoconfiança. Seus egos têm total controle sobre seus corpos, não servindo aos seus próprios caprichos mas sim ao espírito que habita no corpo. Elas obedecem jubilosamente os planos de seus destinos, com alegria e de forma consciente. O espírito opera através delas, de modo que elas representam a imagem do ser humano ideal, assim como a estrela de antimônio é a realização material dos raios invisíveis da energia cósmica do antimônio.

O ego humano é a cristalização de todas as energias espirituais do homem, e o antimônio é a substância que atrai toda a gama de energias cósmicas e as une em si mesmo como um poderoso ímã. As pessoas de antimônio representam, portanto, uma dádiva de muitas facetas, onde o dar e o receber se equilibram mutuamente. É assim que os seres humanos deveriam ser.

PRATA

O Poder Lunar da Prata

A prata (Ag) é um metal que, como o ouro, tem sido usado pelo homem desde os tempos pré-históricos. Isso é compreensível, uma vez que a prata é o metal da Lua, que controla a primeira forma material (o estágio embrionário) de todas as criaturas viventes, a nossa Terra, inclusive.

Quanto mais jovem a criatura, mais a prata lhe convém. A prata conduz as energias de que uma criança necessita. É por isso que, segundo a tradição, a avó dá ao neto uma taça de prata. E no seu primeiro aniversário, o pequenino recebe uma colher e um garfo de prata, com suas iniciais gravadas.

A Lua é a principal força governante na vida de uma criança até

PRATA

Gravura em madeira de Jost Amman (1539-1591). O parto e a elaboração do horóscopo. O feminino tem muito a ver com a Lua, que exerce uma influência particularmente forte no nascimento e nos primeiros anos de vida da criança. A prata e o bismuto são os que mais refletem essa força lunar.

ela chegar ao seu sétimo ano, sendo que durante esse tempo a criança repete a idade mágica do homem (uma lei biogenética básica). Estes são os anos durante os quais o homem cresce mais rapidamente; ele ainda está passando pelo processo de encarnação, quando a alma está aperfeiçoando sua maneira de se expressar no corpo. Por essa razão, a criança precisa comer muito bem. O processo da ingestão de alimentos, sua transformação e também o crescimento pela multiplicação das células são da competência da Lua. A energia que a prata contém ajuda a digerir melhor a comida. É por essa razão que a cutelaria de prata é tão desejável. Hoje em dia, nós nos contentamos com ligas prateadas de aço inoxidável imitando prata, que não têm o mesmo efeito. O que acontece realmente à prata quando ela fica manchada? Ela reage com o enxofre que há na atmosfera e escurece. Usando uma mistura de giz triturado e de álcool, a prata pode ser esfregada, ficando limpa rapidamente, e depois pode adquirir um lindo brilho ao ser polida com um pedaço de flanela. Esse polimento caseiro é muito melhor para tudo o que entra em contato com as mãos e a boca das pessoas, sendo preferível aos produtos químicos usados pelos atuais fabricantes de objetos de prata. Por outro lado, um serviço de chá de prata – por mais esplêndido que possa parecer – deve ser menos desejado do que um bule e xícaras de porcelana oriental, que produzirão um chá mais perfumado e agradável.

A prata não é atacada por ácidos. Por isso, costuma ser usada para revestir interiormente os vasilhames destinados a laticínios, cerveja e vinagre.

A prata é um componente útil em muitas ligas. Assim como o ouro, o governo dos Estados Unidos possui uma grande quantidade de prata depositada nas suas caixas fortes subterrâneas. Recentemente foi resolvido que serão emprestadas 40.000 toneladas de prata para a indústria, para uso, entre outras coisas, na manufatura de condutores de eletricidade na indústria do alumínio.

A prata é um excelente condutor de calor e também de eletricidade, especialmente em altas voltagens. Ela possui a característica típica lunar de ser capaz de espelhar, de refletir e de se ligar a outra substância. Esse metal é, por natureza, um bom servidor. Por essa razão, a prata pura dificilmente ocorre na crosta da Terra. Ela sempre forma compostos com outras substâncias, por exemplo, com o enxofre, na argentita. Naturalmente, a maior parte da prata é encontrada nos oceanos – as águas da Lua – mas é preciso dizer que somente numa forma extremamente diluída.

A prata, em formações naturais, costumava ser encontrada em abundância nas camadas oxidadas superiores das profundas minas de enxofre existentes na Europa (Harz, Saxônia, Eslováquia, Noruega) e também na América do Sul e no México. Os índios Navajos, do sudoeste dos Estados Unidos, ainda são hábeis fabricantes de objetos de prata e gostam muito de enfeitar-se com braceletes e cintos feitos com esse metal. Pelos motivos escolhidos e pela qualidade do trabalho, um visitante estranho, vindo de outra tribo, pode dizer qual a posição social de quem os fabricou. Ele também pode dizer isso pelas mantas que a esposa tece com a lã que ela mesmo fia e usando seus próprios motivos. (A arte de tecer dos Navajos é mundialmente famosa.) Entre todos os países do mundo, o México é o mais rico em prata. Podemos reconhecer o tipo lunar na aparência dos povos do passado, que outrora habitaram a América antes da chegada dos espanhóis e da subseqüente mescla pelo casamento.

É impressionante ver como a prata viaja do Ocidente para o Oriente, atravessando o globo. Os espanhóis trouxeram-na do México, muito embora tivessem vendido aos fenícios a prata que anteriormente fora minerada na Espanha. Além disso, a prata se desloca principalmente para a Índia e para a China, típicas raças lunares, com uma impressionante obediência às tradições antigas na cultura e na vida cotidiana. Os povos do sudeste da Ásia e da China também têm as caras redondas e achatadas próprias do tipo lunar.

Por outro lado, o ouro se desloca na direção oposta, do Leste para o Oeste, onde desaparece no Forte Knox; o ouro segue o Sol.

As Propriedades Sensíveis da Prata

A Lua reflete a luz do Sol, e o metal da Lua também possui, num grau elevado e similar, essa mesma capacidade de refletir. No passado, os espelhos eram feitos de prata, e hoje em dia nós ainda cobrimos os vidros com uma camada de prata. A enorme sensibilidade da prata à **luz** é aproveitada na fotografia, onde ela é usada, em grande escala, na forma de brometo de prata, de cloreto de prata e de iodeto de prata. Todavia, esse metal também é sensível à **cor**; colocada sob uma luz colorida, uma lâmina de prata coberta com uma fina camada de cloreto de prata assumirá imediatamente a cor da luz (ao mesmo tempo, o cloreto de prata, que é um sal, torna-se coloidal).

A maior parte dos metais precisa ser completamente resfriada antes de servir como condutor de eletricidade; com a prata isso não é necessário. Ela é um excelente condutor natural porque é essencialmente um metal frio: um metal negativo (*yin*).

A prata também conduz o calor melhor do que qualquer outro metal. Isso explica o velho costume de derramar uma bebida quente sobre uma colher de prata colocada num copo – a colher absorve o calor e o copo não racha. Todavia, a prata não pode conservar o calor! Ela permanece constantemente fria, fria como a água e a névoa que estão sob o governo da Lua. Insensível ao calor, a prata transfere-o o mais rapidamente possível. Se aquecermos, por exemplo, uma das extremidades de uma barra de chumbo, a outra extremidade permanecerá suficientemente fria para ser segurada com a mão. Não será aconselhável tentar fazer isso com uma barra de prata! Outra prova da condutividade do calor desse metal consiste em aquecer uma vasilha de prata cheia de água. Comparada com vasilhas de outros metais, a água colocada no recipiente de prata ferverá primeiro.

Além de ser extremamente sensível à cor, a prata também é sensível ao som. Ela reproduz um som puro, sem introduzir modificações ou adicionar quaisquer características. É por isso que sinos e flautas são feitos de prata. As moedas de prata também emitem um lindo som.

A prata é excessivamente dócil. Do mesmo modo que o ouro, ela pode ser esticada para produzir um fio finíssimo: um grama de prata produzirá um fio de dois quilômetros de comprimento. A prata funde-se facilmente e condensa-se com igual facilidade; é maleável e versátil. Por todas essas propriedades, que demonstram a sua sensibilidade, podemos ver que a prata nos apresenta aquilo que é, em essência, o caráter de um servidor.

O Uso da Prata na Medicina

A prata originalmente assume formas semelhantes às de uma planta. Como metal lunar, ela pertence ao reino vegetal, às partes vegetativas do homem e também à área na qual as formas de vida estão em contínua mudança. Quanto mais prata uma constituição humana contém, mais moldável é a pessoa, psiquicamente. Um tal indivíduo pode ser treinado e manipulado. Ele se deixa fazer de tolo e está sempre disposto a se ajustar aos demais. As pessoas da Lua-Prata são os ecos e as sombras dos seus amos.

Através de um estudo dos sintomas de envenenamento pela prata e de um estudo do tratamento homeopático mediante o emprego da prata, torna-se evidente a relação existente entre a prata, a Lua e a infância, a dependência e a sensação de desamparo.

Nos casos de envenenamento pela prata, a pele já não pode mais suportar a luz, os olhos ficam inflamados e ocorrem indisposições no estômago (um órgão da Lua). A flatulência faz a pessoa sofrer como se fosse uma criancinha e ela tem uma vontade violenta de comer coisas doces. Isso assemelha-se à necessidade psíquica de amor, de afeição e de carinho, que faz parte do estágio lunar da vida humana. A Lua depende do Sol para receber a luz que, então, passa a refletir. A pessoa se sente como se fosse novamente uma criancinha e fica com medo quando está numa rua cheia de casas altas, por exemplo, ou num teatro ou numa igreja cheia de gente. Essa sensação é acompanhada por uma abundância de sentimentos que não podem ser plenamente refletidos. A necessidade que o corpo tem de coisas doces é, igualmente, uma prova do sentimento de dependência da pessoa governada pela Lua, uma vez que o açúcar alivia a sensação de falta de amor-próprio do indivíduo. Nos casos mais graves de envenenamento pela prata, isto é, de envenenamento pela Lua, a pessoa fica sob o domínio lunar e quer voar rumo ao céu, pois não se sente mais à vontade nesta Terra! Qual é o remédio homeopático para isso?

O nitrato de prata ou cáustico lunar – nitrato de prata com nitrogênio – é o remédio homeopático que pode ser usado internamente para a condição acima descrita, além de também poder ser usado para cauterizar e fazer desaparecer verrugas. As pessoas que sofrem de uma dependência infantilmente excessiva, que preferem fazer parte da massa e querem ser absorvidas por uma alma coletiva e ter uma mentalidade de rebanho, perderam o equilíbrio entre o pólo-pensamento e o pólo-vida do seu organismo. Uma pessoa desse tipo está totalmente orientada para a comida e o metabolismo, sendo que a sua preocupação principal é adaptar-se ao meio ambiente; embora saiba muito bem as coisas e possa copiar perfeitamente as ações e falas das outras pessoas, ela pára de pensar de uma forma adequada. Tais pessoas não fazem as coisas por sua própria vontade, mas porque são impelidas pelos eventos que ocorrem ao seu redor. Evidentemente, seus corpos são governados pelos instintos e não por seu ego consciente. Elas se tornam tão indiferentes que querem dormir durante todo o tempo. Ficando deitadas e acordadas no escuro, elas começam a sentir tonturas. Não conseguem mais se equilibrar sobre seus pés porque o coração (o órgão do Sol) já não tem comando sobre as pernas. Os membros começam a coçar e surge uma tosse irritante, acompanhada de rouquidão e de garganta dolorida, como se nela estivesse cravado um estilhaço. Num estágio mais avançado, surgem dores de cabeça lancinantes no lado esquerdo (Lua) e inchação do estômago e dos intestinos. Freqüentemente, no meio da noite, ocorre a manifestação de cãibras no estômago, flatulência e diarréia cheia de mucos. Estes, aliás, são os verdadeiros sintomas da doença lunar. Muitas mulheres também sofrem com dores no ovário esquerdo e ambos, homens e mulheres, sentem dor ao urinar.

Um remédio para essa aflição é o nitrato de prata numa dose D30. Pudemos constatar o caso de uma criança de dois anos de idade, em cujo horóscopo a Lua tinha estado aflita durante algum tempo. No decorrer desse período, a criança ficou doente e já não conseguia sentir o mesmo interesse entusiasmado que antes demonstrara pelas coisas que a rodeavam. Seu pai a fez tomar um pouco de nitrato de prata durante uns poucos dias e ela imediatamente recuperou a energia. A criança achava que aquele era o "seu drinque especial", e era assim que pedia o remédio.

Uma corrente de prata com um pendente (usada junto à pele) pode ajudar quando há uma tendência para a doença lunar. Uma pedra engastada em prata e usada como pendente é duas vezes mais eficaz.

Quando há alguma tendência para dores de cabeça (enxaquecas) do lado esquerdo, a pessoa deveria, realmente, usar uma corrente de prata na cabeça durante todo o tempo.

As crianças que têm dificuldade para aprender na escola e que digerem melhor a comida nos feriados do que nos dias de aula deverão receber uma corrente de prata com uma pedra lunar ou uma calcedônia, para seu uso – a pele absorve a energia da pedra e do metal.

Nos países mediterrâneos, desde tempos muito remotos as mulheres usam ornamentos de prata, que se destinam a torná-las mais férteis. Os motivos gravados nesses ornamentos são, na maioria das vezes, variações em torno da Lua em forma de foice. Acima de tudo, o Islamismo, que é uma verdadeira religião lunar, produz grande quantidade de trabalhos de prata com o motivo da Lua em forma de foice. Os árabes são a raça mais suscetível à influência da prata, situados como estão entre o Leste e o Oeste.

A Terapia da Prata no Lar

Diabetes: misture dez gotas de tintura de prata num litro de água e massageie o abdômen com essa água, diariamente, dez vezes ao dia.

Epilepsia: deixe 25 gramas de prata dentro de um litro de água durante cinco horas; em seguida, beba dois cálices dessa água por dia.

Gastrite: coloque cinco gramas de prata num copo de água durante três horas e faça gargarejos com essa água cinco vezes ao dia.

Pleurisia: massageie o peito três vezes ao dia com um objeto de prata. Para fortalecer os rins, faça como a receita acima duas vezes ao dia, durante doze dias.

A Árvore de Diana

No século XVII, uma brincadeira favorita dos estudantes era criar a chamada árvore de prata (a árvore de Diana), chamada de *Arbor filosofica* pelos alquimistas. Esse fenômeno é produzido quando se força um metal a sair de uma solução de um dos seus sais usando um metal menos precioso. Já no século XV, Eck von Sulzbach descreve uma experiência onde uma pequenina gota de prata-viva é introduzida numa solução de nitrato de prata. Ele observa a separação da prata num desenho semelhante a agulhas de pinheiro – "percebemos coisas maravilhosas; vegetações encantadoras, cômoros e arbustos, que de repente se movimentam e crescem".

O método da experiência era: "dissolva uma onça de prata em três onças de espírito de nitro (ácido nítrico) e coloque a solução numa retorta contendo 18 ou 20 onças de água e duas de prata-viva. A retorta deve estar cheia até o gargalo. Pendure-a numa braçadeira de palha (num anel de palha) durante 40 dias e verá uma árvore crescendo, com ramos cujas pontas têm pequeninas bolas que parecem frutos". Todavia, Nicolas Lemery, no seu tratado *O laboratório filosófico do forno dos químicos* (1683), declara: "o processo ocorre muito mais rapidamente se uma amálgama de prata é dissolvida em ácido nítrico e, em seguida, é adicionada mais amálgama de prata" (Willem Homberg, em 1692).

Na realidade, conforme sabemos hoje, é possível fazer maravilhosas árvores de outros metais; por exemplo, a árvore de ouro, dissolvendo-se ouro em água-régia com mercúrio; a árvore de estanho, feita de cloreto de estanho e zinco; a árvore de chumbo, feita de acetato de chumbo com zinco, e assim por diante.

A Prata na Terra

O minério de prata compreende pedras tais como a argentita, a pirargirita, a prustita, a estefanita e a cerargirita. A prata costuma ser encontrada em minérios de outros metais, na galena, por exemplo, que contém 1% de prata. Um conteúdo de prata de 15 a 30 gramas por tonelada desses minérios significa que a sua mineração é lucrativa.

A prata raramente é encontrada na Europa, onde os minérios de cobre, chumbo e zinco são minerados para que os europeus tenham esse metal. O México produz a maior parte da prata existente no mundo.

Finalmente, na crosta da Terra há dez vezes mais prata do que ouro; no mar, a concentração da prata é de 0,3-10mg/m^3. A prata tem um peso específico de 10,5 e um ponto de fusão de 960°C.

As Pessoas de Prata

As pessoas de prata, ou pessoas de Lua, são inconstantes por natureza. Seu humor muda tão rapidamente quanto a forma da Lua; elas são do tipo maníaco-depressivo. Esse tipo primitivo, que gosta de rir e de chorar, aprecia o melodrama. Tais pessoas, porém, não podem agir por iniciativa própria. Elas se agarrarão apaixonadamente a um líder preferido, a quem seguirão sem fazer críticas. Tais pessoas sempre se afinam com o ambiente que as rodeia, seguem a moda, fazem o que está na "onda", nadam com a maré da época. Acreditam em tudo o que lhes é dito por uma autoridade oficial e adoram seguir conselhos e orientações, tomando ao pé da letra cada palavra pronunciada pelas pesquisas de opinião pública. Não há melhores servidores do que as pessoas de prata.

Elas são dedicadas e estão sempre ansiosamente dispostas a satisfazer qualquer desejo que possam ler no rosto de alguém, embora às vezes sejam taciturnas. Sempre são extremamente gratas às pessoas que simpatizam com suas emoções, que estão estreitamente relacionadas com seus corpos e com sua vida familiar. As tradições e os costumes são obedecidos ao pé da letra. Não trabalham por dinheiro, mas porque gostam e porque preferem submeter-se; elas preferem ser escravas (de um chefão, para o qual olham com admiração, ou de uma família à qual sentem pertencer) a serem membros independentes da sociedade. A independência as esmagaria.

De um modo geral, as pessoas de prata adaptam-se bem aos trabalhos de enfermagem, ou aos trabalhos em que se presta algum tipo de serviço ao próximo. Elas põem em ordem o que as pessoas criativas deixam para trás, representam essas pessoas e defendem-nas. Juntos, esses dois tipos simbolizam, para a sociedade, um ornamento feito de ouro e prata.

BISMUTO

História e Localização

O bismuto (Bi) é um metal pesado, prateado, de brilho fraco, opaco e muito quebradiço, que apresenta uma coloração rosa nas superfícies recentemente expostas. Tem um peso específico de 9,7 - 9,8, e uma dureza de 2-2,5, aproximadamente a dureza de uma unha.

O bismuto, como a prata e o volfrâmio, é encontrado em abundância na crosta terrestre. Às vezes ele ocorre sozinho, mas normalmente em minérios de chumbo, cobre e zinco (onde se apresenta como um sulfeto) ou possivelmente junto com estanho, volfrâmio, molibdênio, urânio e ouro.

Na Idade Média, mineiros da Europa Central, que procuravam prata, ficaram desapontados quando os minérios que encontraram provaram ser apenas "wismut". Eles não o conservaram, mas jogaram-no no monte de pedras descartadas com a vaga esperança de que pudesse "amadurecer" e se transformar em prata se deixassem a natureza seguir o seu curso.

Por volta do ano de 1500 o bismuto é mencionado nas obras de estudiosos tais como Valentinus, Paracelso e Agrícola, embora eles o olhassem como um tipo de chumbo (Agrícola chamou-o de *bismutum* ou *plumbum cinereum*), cujo uso, de acordo com o ponto de vista de um alquimista, ainda tinha de ser desenvolvido.

A não ser na China, os povos nunca fizeram escavações especificamente à procura do bismuto. Normalmente, ele é obtido como um subproduto da fusão de outros minérios, da produção de estanho na Bolívia e da fusão de minérios de cobre e de cobre-prata do Peru. Hoje em dia, os minérios de bismuto mais ricos da Terra estão localizados

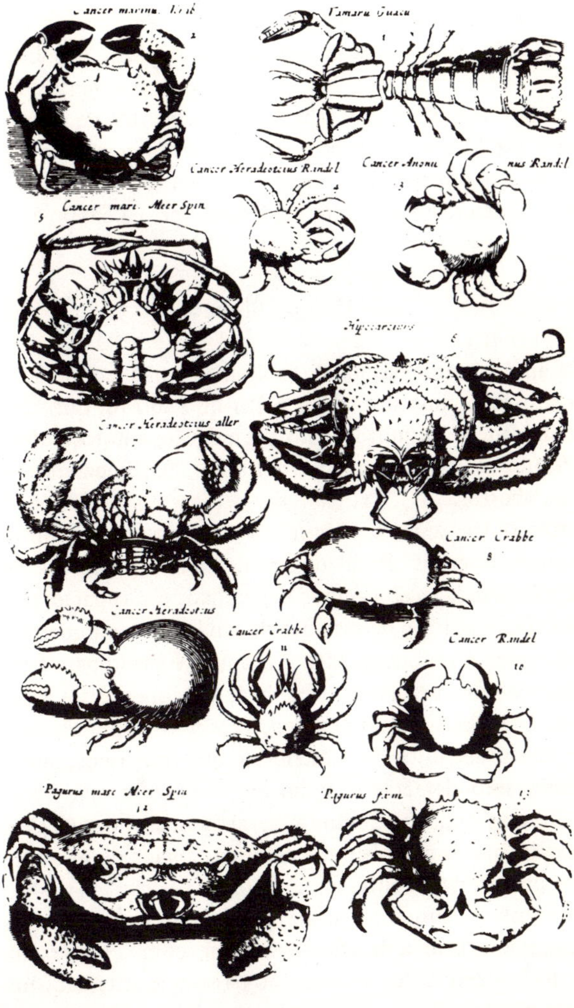

BISMUTO

Moluscos que vivem na água lunar do mar são fortemente afetados pela força da Lua. Essas criaturas protegem seus corpos vulneráveis com uma couraça blindada na qual brilha a luz do bismuto... (*Philosophi et Medici Benomensis*, 1606).

nesses dois países, especialmente em combinação com o cobre, o chumbo e o zinco. Além disso, o bismuto é encontrado no México (onde não está acompanhado por outros metais), nos E.U.A e no Canadá. Na Suécia e na Austrália, está contido em minérios de ouro. A Coréia do Sul, o Japão e a Rússia têm suprimentos de bismuto à sua disposição. Na China, ele ocorre em conjunção com o volfrâmio e o molibdênio. Atualmente, a África e a Europa são pobres em minérios de bismuto, outrora encontrados em Erzgebirge, na Saxônia.

Os Usos do Bismuto

Durante muitos séculos, os homens não souberam de que maneira utilizar o bismuto. Só a partir de 1860 foi que ocorreu um aproveitamento do bismuto digno de menção, muito embora ele só tenha atraído maior atenção por volta de 1930, quando novos usos foram descobertos.

Entre outras coisas, o bismuto é usado para a fabricação de instrumentos especiais destinados a medir a temperatura de corpos celestes, a intensidade de campos magnéticos e a capacidade de carga de pontes. O subnitrato de bismuto dá um lustre madrepérola a certos plásticos transparentes, enquanto o bismuto é usado para fazer botões de camisa e batons perolados. Depois da descoberta dos Raios X, em 1895, por Wilhelm Conrad Röntgen, o século XX conheceu um uso especial para o bismuto. Foi descoberto que esses raios, que até então não tinham sido detectados, eram extremamente maléficos para os ossos e para os tecidos. Contudo, se artigos de borracha, tais como luvas e aventais, fossem cobertos com uma camada de bismuto pulverizado, eles protegeriam contra a radiação.

O bismuto tem outra utilização lubrificante e protetora nos casos em que ocorre uma fricção intensa, como, por exemplo, nas lonas de freio de veículos a motor, ao passo que uma pequena quantidade desse metal, adicionada ao ferro derretido, melhora consideravelmente a usinabilidade mecânica do ferro fundido. Pela mesma razão, pequeninas quantidades dele, juntamente com um pouco de chumbo, são usadas em ligas de alumínio.

Às vezes, o óxido de bismuto é usado na cerâmica, para melhorar e colorir o verniz. Embora isso não seja tão amplamente conhecido, o bismuto também é usado na indústria do vidro.

O bismuto funde-se facilmente a 271°C. Um ponto de fusão tão baixo faz com que ele seja um componente adequado da solda. Ligas com um conteúdo de 50% de bismuto dificilmente mostram qualquer mudança no volume durante o processo de solidificação. Uma proporção mais elevada resulta na dilatação, enquanto uma proporção mais baixa resulta na contração da liga. Depois de ocorrida a solidificação, pode-se observar a dilatação, imediatamente ou após algum tempo, de uma liga que contenha uma proporção elevada de bismuto e chumbo. Outras ligas se expandem durante o processo de resfriamento.

Portanto, encontramos o bismuto em ligas com ponto de fusão baixo, usadas para fusíveis elétricos, portas corta-fogo, sistemas de alarme contra incêndio, tampões de segurança para cilindros de gás comprimido e todos os tipos de aparelhos para controlar a temperatura. Essas ligas de bismuto também são usadas na fabricação de motores a jato e no tingimento de tecidos. Nesse último caso, o tecido é passado por um tanque contendo uma liga de bismuto, chumbo, estanho e cádmio derretidos (ponto de fusão ao redor de 70°C). A elevada tensão superficial dessa liga força a saída de qualquer excesso de tinta que haja no tecido, ajuda a tinta a se fixar melhor e acelera consideravelmente todo o processo.

O bismuto é mau condutor de calor e de eletricidade e, por causa de suas propriedades físicas desfavoráveis, é difícil de se trabalhar com ele na sua forma sólida. Conforme já foi assinalado, o uso principal do bismuto está nas ligas com pontos de fusão baixos, seguido pelas preparações cosméticas e farmacêuticas e, finalmente, em várias outras ligas, além daquelas com pontos de fusão baixos. Outros produtos de metal podem ser cobertos com uma camada de bismuto por meio da eletrólise. O bismuto também é usado para semicondutores que funcionam como refrigerantes e também como blindagem protetora na produção de energia nuclear.

A indústria do bismuto começou a andar por conta própria nos últimos anos, desde o surgimento da tecnologia do reator nuclear.

Além do seu ponto de fusão baixo e do seu ponto de ebulição elevado (o que o torna apropriado para uso em altas temperaturas), o bismuto tem a propriedade de absorver raios gama, mas não nêutrons térmicos. Depois do berílio, o bismuto tem a média de nível de absorção mais baixa. Há um projeto que trata do uso do urânio dissolvido em bismuto fundido como combustível nuclear em reatores homogêneos. O filtro gama do reator B.A.R.N., da Holanda, é feito de bismuto puro; pesa mais de uma tonelada e tem um diâmetro de 1,7 metro. Esse reator foi um dos primeiros reatores nucleares construídos no mundo, destinados à pesquisa na área da agricultura. Começou a operar em 1963, em Wageningen.

O Bismuto na Farmácia

Na medicina, o bismuto deve ser usado na sua forma mais pura. É necessário que haja a garantia de uma ausência total de prata, chumbo, arsênico e/ou de outras impurezas típicas. Como ocorre na indústria dos metais, na farmácia o bismuto é usado como substância própria para revestimento. Nos remédios para o estômago, por exemplo, ele deixa um revestimento protetor na parede de um estômago inflamado ou supersensível. Como *Bismutum metallicum*, é um excelente remédio homeopático para o cólera infantil e também para as diarréias crônicas das crianças. Na forma de *Bismutum subnitricum*, também é usado para dores na região do estômago, para dores estomacais causticantes, para perturbações nervosas do estômago, úlceras do estômago e câncer do estômago.

A Natureza do Bismuto

Astrologicamente falando, o bismuto pode ser definido num único conceito – é um metal lunar. Assim como a Lua depende do Sol para a sua luminosidade, também o bismuto quase nunca é encontrado sozinho, mas é quase sempre apoiado por outro metal. É usado principalmente em ligas, o que significa, mais uma vez, que se encontra em companhia de outros metais.

O bismuto parece ter uma relação muito íntima com um órgão do corpo humano que é controlado pela Lua: o estômago. A Lua também rege a sede das emoções. Assim como o estômago tem por função a digestão dos alimentos materiais, operando num nível físico, assim também a sede das emoções serve para receber e processar impressões mentais. Se não estão à altura das suas tarefas, esses órgãos precisam de um pouquinho de ajuda vinda de um dos outros reinos da natureza, e o bismuto, que vem do reino mineral, é muito conveniente. O bismuto oferece o mesmo tipo de conforto que a mãe oferece: venha cá, não fique tão transtornado, afinal, a coisa não é tão ruim assim! Pessoas com problemas estomacais não podem lidar com a vida e com todas as impressões que suas mentes recebem – elas querem se refugiar no seio materno, ou mesmo no seu útero (ambos órgãos da Lua). É por isso que elas se sentem confortadas bebendo leite quente e enfiando-se na cama. Trata-se de pessoas tão indefesas e dependentes quanto o bismuto; não podem se agüentar nos próprios pés, precisando para tanto de apoio e proteção. O bismuto é uma criança que ainda não está pronta para sair de junto da mãe, ou é uma mãe que não sabe o que fazer sem uma criança para cuidar. Gosta de estar perto da prata, do cobre ou do estanho.

Talvez agora possamos compreender por que o mineiro medieval, cuja percepção intuitiva das substâncias ainda não tinha sido prejudicada pela razão, esperava que o bismuto se transformasse em prata. Ele sentia que essa era uma substância que ainda não tinha alcançado uma existência independente. Podia-se dizer que o bismuto era jovem e não estava completo – que ainda não estava totalmente crescido.

A película de madrepérola, que o bismuto dá a outras substâncias que são recobertas por ele, também faz lembrar a Lua, uma vez que todos os moluscos que produzem esse lustre, tais como as ostras e os mexilhões, pertencem ao reino da Lua. Essas criaturas aumentam com as marés que, por seu turno, devem sua existência à influência da Lua – que atrai a água em sua direção – e tudo isso, por sua vez, depende do Sol. O bismuto é suave e amigável como a Lua, evocando estados de ânimo sonhadores e sentimentais, muito embora seu brilho possa ser um tanto enganador. Ele refresca o revestimento de um estômago causticado pela inflamação, como a mão fresca da mãe na testa febril do filho. Ele conforta, mas não cura. Pode prestar bons serviços, mas sozinho não tem grande força. Quando é tempo de Lua cheia, as ostras e os mexilhões são sumarentos e carnudos porque sugaram um bocado de água; quando é tempo de Lua nova, eles são comparativamente secos e duros. Dificilmente nos surpreenderemos ao saber que o bismuto nem sempre permanece o mesmo; ao ser examinado constatamos que ele cresce e míngua junto com as fases da Lua, mudando de acordo com um esquema fixo.

As Pessoas de Bismuto

Tal como o sugere o baixo ponto de fusão do bismuto, as pessoas de bismuto cedem com facilidade e são rapidamente afetadas no seu lado emocional. Elas estão sempre prestes a rir ou a chorar. Tais pessoas fazem parte de uma consciência coletiva e suas fortunas sobem ou descem juntamente com as do grupo ou do clã a que pertencem. Elas são incapazes de se distanciar das emoções coletivas do grupo. São prisioneiras de um tipo primitivo, passivo, de sentimento de companheirismo e não alimentam qualquer opinião, ou mesmo sentimento, que não combine com a do grupo.

As pessoas de bismuto podem ser especialmente bondosas e sinceras, hospitaleiras e generosas, uma vez que sempre simpatizam com os que estão sofrendo, com os que têm fome ou estão sozinhos. Todavia, também podem se ofender profundamente com pequeninas coisas, especialmente se percebem que um estranho não compartilha de seus sentimentos de simpatia. Elas acham as pessoas do tipo-eu repugnantes – de fato, sentem por elas a mesma espécie de aversão que os sulistas sentem pelos nortistas neste nosso Hemisfério Norte: o ódio que o pólo-vida sente pelo pólo-pensamento, que é experimentado como sendo duro, frio e ambicioso. As pessoas de bismuto são pessoas lunares, amam o anoitecer e as horas noturnas, gostam de cantar e de dançar juntas, mas, a despeito disso, se regalam em sua solidão. Gostam de viver na companhia de outros, indo atrás dos amigos, seguindo uma moda ou alguém a quem reverenciam, pois são completamente destituídas de idéias próprias. Há uma coisa que os tipos materialistas podem aprender com elas: como relaxar.

MERCÚRIO

O Metal de Mercúrio

O Mercúrio é um metal que só é encontrado na Europa. Desde tempos antigos, ele tem sido extraído das minas de Almadén, na Espanha; e também no monte Amiata, na Itália Central, no noroeste da Iugoslávia e no sul da Rússia. Ele aparece principalmente como sulfeto de mercúrio ou cinábrio, um minério vermelho brilhante, também usado como um pigmento chamado vermelhão.

O nome químico do mercúrio (Hg) é hidrargírio porque é líqüido na temperatura ambiente. Também é chamado de prata-viva ou azougue. Uma gota de mercúrio rolará rapidamente de um ponto para outro, dividindo-se em gotículas menores enquanto vai rolando, mas sem deixar qualquer traço na superfície sobre a qual foi derramado. O azougue é o metal de *Mercúrio*, o mensageiro dos deuses, que se move rapidamente com seu capacete e suas sandálias aladas. Como remédio homeopático, também é chamado de mercúrio.

De um ponto de vista astrológico, Mercúrio, nosso planeta mais jovem, produz a circulação de energias, a conexão de pólos opostos, o contato, a relação e a interação. Do mesmo modo, o metal de Mercúrio, o azougue, prontamente forma compostos com outros metais, dissolvendo-os e, depois, formando um amálgama com eles – termo com o qual, entre outras coisas, estamos familiarizados na odontologia. (Como o mercúrio que não está suficientemente diluído pode ser muitíssimo venenoso, muitas pessoas não podem ter obturações de amálgama em seus dentes; especialmente quando a saliva delas é tal que absorve o mercúrio do amálgama, resultando num verdadeiro envenenamento por mercúrio com dores terríveis.) Somente o ferro e seus amigos, o cobalto e o níquel, podem se opor aos poderes de atração do azougue: os companheiros de Marte impõem a sua própria vontade.

O Uso do Mercúrio

Quando a nossa Terra não era tão estável quanto é agora, todos os metais eram líqüidos, e o mercúrio conservou essa forma. O azougue, como o mensageiro Mercúrio, tem uma juventude eterna. O planeta Mercúrio rege o estágio do desenvolvimento humano que vai dos 7 aos 14 anos.

O mercúrio solidifica-se a menos de 39°C e entra em ebulição a 359°C. O vapor produzido quando o mercúrio é aquecido é usado para as lâmpadas de arco de mercúrio; estas emitem uma luz azul-esverdeada, que faz lembrar a luz do Sol nas montanhas, razão pela qual são usadas para criar luz solar artificial. Essas lâmpadas, com sua abundante irradiação ultravioleta, são igualmente adequadas para a fabricação de "óleo de fígado de bacalhau vegetariano", que é produzido por meio da exposição do óleo vegetal aos raios ultra-violeta, resultando na criação de uma provitamina da vitamina D.

A aparência prateada do mercúrio faz com que ele se preste, juntamente com outros metais, para a prateação de espelhos. No passado, um amálgama de mercúrio e estanho era a substância mais comum usada para esse fim. Todavia, como é bastante conhecido, o mercúrio não é empregado sem perigos e, tanto na indústria de espelhos como nas minas de mercúrio, muitos operários ficam doentes devido ao envenenamento por mercúrio.

Atualmente, o mercúrio é usado em termômetros, barômetros, bombas a vácuo e comutadores elétricos. O chamado mercúrio fulminante, um composto de mercúrio, ácido nítrico e álcool, é um elemento essencial na detonação da dinamite.

MERCÚRIO

Esse elemento, mercúrio, tão essencial aos olhos dos alquimistas, era simbolizado por um dragão sob muitas formas. Às vezes ele era mostrado no ato de morder a própria cauda (cada fim é um novo começo), às vezes como um par de dragões, reconhecendo a natureza dupla do azougue (que é um líqüido e um metal ao mesmo tempo). Este desenho do dragão Nagári representa o mercúrio como um fator de mediação na aquisição do ouro e da prata, e também a mente humana no processo de transmutação.

A Natureza do Mercúrio

O planeta Mercúrio rege o sistema nervoso, o pensamento e os processos da fala. O metal mercúrio também é muito sensível e reage a qualquer movimento leve, dividindo-se em gotículas com a rapidez dos processos do pensamento. Como as palavras, ele pode curar e pode envenenar.

Os alquimistas pensavam que o mercúrio continha uma chama oculta, porque necessitava de uma fonte interna de calor a fim de permanecer em estado líqüido. Uma imagem acurada – pois o mercúrio é responsável pelo espírito ardente do homem e o impele a falar com paixão. Por esse mesmo motivo, a luz, o ar e o calor são associados ao mercúrio.

Pequenos potes de azougue foram encontrados em túmulos egípcios dedicados a Mercúrio, o mensageiro que acompanharia a alma da pessoa morta até o outro mundo. Os antigos gregos chamavam-no Hermes Psicopompos, o condutor de almas. De fato, Mercúrio é uma força que acompanha e, acima de tudo, uma força de união, assumindo sua forma própria quando há fronteiras que devem ser cruzadas.

O Uso do Mercúrio na Medicina

Na forma de salvarsan, o mercúrio deu provas de ser um remédio eficaz contra a sífilis, doença comum nos séculos XVIII e XIX. Todavia, ele também tinha perigosos efeitos colaterais.

A natureza essencial do mercúrio é o poder de unir; ele reúne não só suas próprias gotículas, mas também as partes do corpo humano que se desligaram do todo para seguir e levar uma vida por conta própria. Uma pessoa que se concentra demasiadamente no pensamento, por exemplo, tende a esquecer tudo a respeito de seu aparelho respiratório. Toda a energia mercurial está concentrada na sua cabeça, de modo que os tubos bronquiais são deixados sem proteção. Estes logo são atacados por bactérias importunas e por impurezas que existem no ar. Pois bem, o azougue, na forma de uma preparação mercurial extremamente diluída, é necessário para trazer de volta a energia que havia sido desviada para longe demais. Isso faz com que as células ou as criaturas unicelulares, que não apreciam a nova conexão, sejam expelidas. Desse modo, o mercúrio trabalha quase como um desinfetante e mantém o corpo e a mente unidos.

Como um cão pastor que traz de volta ovelhas extraviadas e mantém os lobos a distância, assim também o mercúrio, como *Mercurius solubilis*, por exemplo, se encarrega dos resfriados; ou ajuda, como um sublimado, na amigdalite crônica, nas infecções do ouvido e nos panarícios (unheiros).

O mercúrio também afeta as glândulas; ele pode estimular o fígado, prevenindo aqueles incômodos casos, sem gravidade, de envenenamento por alimentos, que nós conhecemos como *alergias* (a incapacidade de neutralizar substâncias perniciosas). O mercúrio oscila entre a vida e a morte. Quando não diluído, é um veneno que destrói o sangue e faz as células saudáveis adoecerem, de modo que elas se deterioram como se a morte estivesse se aproximando. Em solução, porém, ele nos salva desses mesmos processos destrutivos através de seus efeitos sobre as glândulas linfáticas e os vasos linfáticos.

Assim como a área dos órgãos genitais e como as moléstias venéreas em geral, o mercúrio também rege as áreas envolvidas na respiração e na digestão. Essas duas áreas estão estreitamente ligadas uma com a outra, como os signos Gemini e Virgo.

O *mercúrio* na sua forma natural é dado para pessoas que estão cansadas da vida, que têm medo de perder suas faculdades e cuja memória e força de vontade estão enfraquecendo. Essas pessoas tremem e sentem tonturas, cheiram a podridão, têm um gosto metálico na boca e estão permanentemente famintas e sedentas. Além de todas essas características, os sintomas mais evidentes são a digestão deficiente e dores freqüentes à noite.

Mercurius corrosivus é dado particularmente aos que sofrem de uma necessidade urgente, semelhante a uma cãibra, de defecar e urinar, de doenças dos rins, ardor nos olhos, garganta inflamada, colite, etc.

Mercurius cyanatus é usado no tratamento da pneumonia aguda e da pielite; e também da difteria.

Mercurius dulcis ou calomelano é usado exclusivamente para inflamações do ouvido.

Mercurius jodatus, vermelho ou amarelo, é usado no tratamento da difteria e em todas as variedades de infecção da garganta e das amígdalas e nos males da boca.

Desse modo, no campo da medicina, encontramos a grande versatilidade e as inúmeras facetas do planeta Mercúrio no seu metal, o azougue. Contudo, devemos ter o cuidado de escolher a forma correta, isto é, a preparação de mercúrio mais adequada para cada caso particular.

O relacionamento do mercúrio com o ar e a respiração é demonstrado de maneira notável pela reação do azougue ao calor; quando está quase alcançando o ponto de ebulição, o azougue subitamente absorve oxigênio, que o transforma em óxido de mercúrio vermelho; mas se for aquecido ainda mais, ele torna a desprender o oxigênio. Assim, o azougue, respira, aspirando e expirando!

No reino vegetal, há a armole, uma erva que contém grande quantidade de mercúrio. Entre os tipos de pessoas mercuriais, ela é consumida crua.

As Pessoas de Mercúrio

A pessoa mercurial é ligeira e vivaz, tanto no pensamento quanto na ação. É um tipo altamente movediço – está sempre se dirigindo para algum lugar ou voltando de algum lugar – e ativo, em ambos os níveis, intelectual e dos negócios. O espírito do mercúrio dá a essas pessoas um interesse objetivo por muitas coisas e é responsável por muitas facetas do seu caráter. É extraordinário ver como, durante séculos, o comércio mundial do mercúrio foi um monopólio nas mãos da família Fugger, e depois nas dos Rothschild. Foram os mouros que descobriram os amálgamas de mercúrio.

Qualquer tipo de negócio, quer se trate de fazer contatos, como corretor, solicitador ou agente, quer se trate de comércio ou de transporte, estará em boas mãos com as pessoas de mercúrio. Elas são intelectualmente adaptáveis e apreendem as idéias com rapidez, o que faz delas professores ideais. Elas não só adquirem conhecimentos rapidamente, como também sabem transmiti-los. Podem ser bons jornalistas por causa de sua aptidão para fazer reportagens neutras e imediatas.

No mundo do jogo e das casas noturnas, as pessoas de mercúrio e de cobre freqüentemente trabalham juntas, como seus planetas, Mercúrio e Vênus, que estão sempre perto um do outro. Desse ponto de vista, naturalmente, torna-se óbvia a conexão do mercúrio com as doenças venéreas.

As pessoas de mercúrio são sempre crianças, saltando de uma forma brincalhona e ágil sobre assuntos que para outros pareceriam obstáculos. São pessoas cheias de entusiasmo e de alegria, que estão sempre rindo e cantando, mas que também precisam de muito sol. Se são privadas dele durante qualquer lapso de tempo, ficam doentes e enfraquecem. Por causa de sua elevada sensibilidade às influências externas, elas têm sempre muitas coisas contra as quais lutar, tendendo para o excesso de trabalho e a exaustão. Sua saúde é delicada e sofre danos freqüentes. A Terra dificilmente tem qualquer domínio sobre esse tipo humano – pois as pessoas de Mercúrio só se sentem bem com o ar, a luz e o calor.

COBRE

A Natureza do Cobre (Cu)

Na cozinha da vovó, a bomba de água feita de bronze brilhava sobre a pia e a luz do sol brincava alegremente sobre as panelas e as fôrmas de cobre penduradas na parede. Os fósforos saíam de uma pequenina caixa de cobre; à noite, a criada tirava carvões ardentes do fogão da cozinha e, para apagá-los, colocava-os numa panela de cobre com tampa de latão.

As panelas de cobre desapareceram juntamente com as criadas. Quem iria limpar o cobre agora? O esmalte entrou em evidência porque era barato e fácil de limpar, mas todo esse esmalte verde e cinza transformou a cozinha num lugar triste, onde a gente procura ficar o menor tempo possível.

Agora, na terceira fase, fomos dominados pela saudade dos bons tempos do passado, com seu cobre cálido e hospitaleiro e, se vemos uma fileira de caçarolas de cobre penduradas na parede de uma cozinha francesa, também queremos algumas! Objetos de cobre, velhos e novos, estão sendo muito procurados novamente; a chaleira de cobre voltou para as pessoas colocarem dentro dela suas plantas, pois já não existem mais os fogões de lenha abertos, onde elas podiam ser penduradas em cima da grelha; além disso a água quente, hoje, sai da torneira. O verdadeiro entusiasta, que tem a boa sorte de poder mobiliar uma velha casa de fazenda, tornará a pendurar uma vez mais a chaleira de cobre acima do fogo, onde ela cantará suavemente. Quando isso acontece, o ciclo está completo.

Pois o homem aprendeu que pode ser realmente feliz com os produtos naturais da Terra que estão ao seu redor; um jarro de louça de barro com flores silvestres, mesmo que elas venham a fenecer; uma chaleira de cobre, mesmo que ela tenha de ser polida; pão feito em casa, que ainda é saboroso mesmo quando está velho; queijo caseiro de leite de cabra, tirado da cabra que está em nosso próprio campo, amarrada em baixo da macieira; lã dos nossos próprios carneiros, fiada numa boa roda de fiar feita de madeira, sob a luz amigável das velas — todas essas coisas nos trazem lembranças das suas e das nossas origens.

Uma vez mais, estamos arranjando tempo para polir o cobre, pois essa tarefa é um prazer! Há uma grande satisfação em ver um amigável e luzente jarro de cobre piscando para nós desde um canto da sala. O cobre é tão cálido e hospitaleiro, tão diferente do sóbrio aço ou do frio alumínio. O cobre libera uma energia que eleva nosso espírito e nossos nervos (de fato, ele contém vitamina B1); ele irradia um calor maternal e é como se nos oferecesse algum tipo de proteção.

COBRE/NÍQUEL

Os poderes da Lua e de Vênus estão reunidos no metal níquel, amigável, amável, sedutor e jovem, cobrindo (revestindo) a feiúra com uma beleza "sensitiva". Todavia, foi principalmente o metal de Vênus, o cobre, que se prestou, através das eras, a primorosos artefatos elegantes de todos os tipos. (Gravura em cobre, por Jac. Matham.)

De fato, é isso mesmo o que acontece, pois o cobre mata algas, fungos e germes, fato bem conhecido nos círculos agrícolas e hortícolas e entre aqueles que estão envolvidos com o controle ambiental (quando há, por exemplo, a possibilidade de uma perigosa superabundância de algas marinhas). Por essa razão, algumas pessoas colocam uma moeda de cobre em seus aquários, e algumas preferem maçanetas de porta feitas de cobre – certamente, as maçanetas de uma clínica médica deveriam ser de cobre!

Não é nada desagradável lidar com moedas de cobre, mesmo que tenham passado por muitas mãos. Por que isso acontece? Bem, o limiar de toxicidade do cobre é relativamente alto em comparação com o de outros metais. Objetos de cobre, decorativos e úteis, inclusive moedas de cobre, podem – e isso já foi provado – ser usados sem quaisquer efeitos prejudiciais. Todavia, devemos ter muito cuidado com o produto do cobre chamado azinhavre.

O Cobre na Cosmologia e na Religião

No corpo da Mãe Terra, cada metal reflete uma força cósmica, cuja essência ele representa. Desse modo, o cobre é associado ao planeta Vênus, que, sob muitos nomes diferentes, tem sido grandemente reverenciado desde tempos muito remotos. Ao redor do Mediterrâneo, Vênus é conhecida como Ishtar, Astarte, Vênus e Afrodite. Os deuses que podem assumir essa forma de planeta cintilante são forças que produzem o desenvolvimento de certas qualidades e poderes, nos homens e na natureza. Assim, a bela Vênus produz o amor e o desejo de beleza e de harmonia, e dá habilidade criativa para enriquecer a vida com a arte que faz florescer entre os homens.

Desde a Antigüidade, o cobre tem sido extensamente extraído na ilha de Chipre, e em várias línguas o nome do metal (*cobre*, *koper*, *kupfer*, *koppar*, *copper*, *cuivre*) é derivado do latim *cuprum*, que tem suas raízes no antigo *Aes Cyprium* romano – o cobre cipriota. Supõe-se que o nome Chipre tenha se originado da palavra assíria para cobre, *kipar*.

Uma lenda nos diz que a deusa Vênus, envolta somente em seu

cabelo louro-cobre, surgiu das ondas ao largo da praia de Chipre. Foi assim que ela foi retratada pelo pintor italiano Botticelli, em pé, sobre uma concha, enquanto Primavera, a deusa da primavera, aparece na praia de Chipre, sob os loureiros, pronta para envolvê-la num manto púrpura. Zefir, o vento sudoeste, aproxima-se voando, vindo de outra direção, trazendo Flora, deusa das flores, e soprando para ela um tributo de lindas flores. A concha está balançando sobre as ondas cintilantes. Quem quer que veja o quadro na Galeria Uffizi, em Florença, não pode deixar de sentir-se emocionado. A suave beleza de Vênus toca o nosso coração.

O italiano ainda cozinha a sua polenta, ou a sua papa de milho, numa panela de cobre. Uma caçarola de cobre é indispensável para muitos pratos franceses refinados, embora, falando de um modo geral e dependendo do prato que vai ser cozinhado nas panelas, o cobre normalmente seja usado com um revestimento de estanho (veja a parte que trata do estanho). De qualqer modo, o holandês medieval preparava seu remédio de trevos numa panela de cobre e os chineses o seu sumo de papoula, pois a energia de Vênus é transmitida para qualquer coisa que esteja sendo cozida, a energia que purifica e inspira amor. Todo o bem que há na Senhora Vênus também está presente no cobre.

Vênus relaxa os costumes, é responsável pelo desenvolvimento da cultura e das maneiras refinadas. Até o começo do século XX havia, no Japão, um cultivo do cobre relacionado com a arte dos arranjos florais e a cerimônia do chá. Na era mais admirável da Holanda, mesmo os bules de chá eram de cobre, e velas em candelabros de cobre iluminavam a farta mesa do jantar.

A Energia do Cobre na Mente e no Corpo

O contato com o cobre fortalece a energia de Vênus existente nas pessoas. Na verdade, os tipos de Vênus enchem suas casas com cobre – ele lhes pertence. Elas são pessoas que brilham como o cobre, tendo uma irradiação de cordialidade e benevolência que as torna belas. São atenciosas, sensíveis aos desejos, sentem grande prazer em satisfazer, sempre trazem consigo flores e surpresas agradáveis – os primeiros morangos da estação, talvez, ou violetas de seu próprio jardim. Vestem-se com muito gosto, mesmo que não tenham muito dinheiro. Seus olhos são particularmente lindos e expressivos, o corpo é bem torneado e elas têm maneiras gentis, que não ofendem ninguém. As pessoas do cobre notarão suas cortinas novas, elogiarão você ou permanecerão em silêncio, em vez de fazer um comentário negativo.

No corpo humano, o cobre, ou *cuprum*, é da maior importância para os órgãos de Vênus que dela recebem o seu nome; as veias que carregam *veneno* – o sangue saturado com todas as substâncias tóxicas que recolheu no seu caminho desde o coração até os órgãos excretores. No horóscopo de uma pessoa, é a boa Vênus que, por meio do cobre, dá excelentes pernas saudáveis e boa circulação do sangue. Se, devido a aspectos desfavoráveis, ela não pode realizar adequadamente sua tarefa, então a pessoa sofre de veias varicosas, de hemorróidas ou de úlceras nas pernas. Isso também é um sintoma infalível de um amor não correspondido ou de um casamento infeliz, por mais bem escondida que seja a infelicidade. Isso porque Vênus esconde sua tristeza e sua crítica sob o manto do amor. Nesses casos, o cobre é o remédio apropriado para a mente e também para o corpo. Os homeopatas sabem disso. É preciso haver apenas um pequenino traço de cobre, dois miligramas por dia para um adulto saudável, em sua comida, e um pouco mais para alguém que esteja doente e sofrendo de falta de cobre. O metal pode ser afinado até um bilhão de vezes (o nome homeopático para esta forma é Cuprum D12), ou então, para ter uma margem de segurança ainda maior, a pessoa pode tomá-lo retirando-o do reino vegetal.

O cobre pode ser um remédio importante no que concerne às chamadas doenças incuráveis. Há meio século foi redescoberto que a terapia do cobre pode ser útil na esclerose múltipla (E. M.). Ele pode aliviar os sintomas, até mesmo em estágios avançados. Ora, a E.M. é, claramente, uma doença da civilização, caracterizada por vários sintomas de degeneração causada por má nutrição crônica – não somente num nível quantitativo mas também qualitativo – do corpo e do espírito. Tal como o corpo subnutrido, o espírito do paciente que sofre de E.M. carece, acima de tudo, do amor que espanta as ansiedades. Já foi observado que as pessoas negras, cujo sangue contém mais cobre, dificilmente adquirem E.M. E na época do cultivo do cobre no Japão, lá não existia a E.M., e também não existia na China. Igualmente, parece que a E.M. raramente é encontrada em países onde o solo contém muito cobre (havendo muito também na água, no ar e nas colheitas que crescem nesse solo). Em áreas alagadiças, o solo contém muito pouco cobre e as pessoas dessas regiões freqüentemente sofrem de E.M., ao passo que o gado sofre da doença de lamber. As vacas e os carneiros, doentes por causa da falta de cobre, procuram instintivamente os traços de cobre que necessitam lambendo tudo o que está à vista. Neste caso, é dada a eles uma pedra para lamber, rica em todos os tipos de minerais naturais, que ajuda sua recuperação geral e aumenta a produção de leite.

Como metal de Vênus, o cobre desempenha um papel importante na vida amorosa das pessoas e está presente, em abundância, nos órgãos sexuais femininos. Durante a gravidez, a necessidade de cobre aumenta e, se a dieta não satisfaz essa exigência, pode se desenvolver uma anemia ou até mesmo a E.M., ou pode ser agravada uma E.M. já existente. Além do mais, os órgãos reprodutores das mulheres que sofrem de E.M. são extremamente fracos por causa da falta de cobre, o mesmo se dando com as flores subdesenvolvidas de plantas que sofrem da doença da turfa e dos animais que sofrem da doença de lamber. Como o cobre é gasto pela atividade sexual, a quantidade de cobre no sangue das mulheres de mais de 55 anos tende a aumentar.

Em famílias onde há deficiência de cobre, o fluxo menstrual das mulheres é escasso ou totalmente inexistente; suas características sexuais são mal desenvolvidas e elas podem até mesmo apresentar particularidades do sexo oposto (barba e bigode). Geralmente, descobre-se que os pacientes de E.M. foram privados de amor e carinho durante a adolescência. Anos mais tarde, eles são infelizes no amor. Pelo fato de seus sistemas conterem muito pouco cobre e serem incapazes de absorvê-lo da comida que ingerem, em virtude da falta de energia de Vênus, seus poderes de atração para o sexo oposto são reduzidos.

Uma parte vital de qualquer terapia bem-sucedida compõe-se de amor e de afeição. Uma paciente de meia-idade, que sofria de E.M., e que, quando foi visitar uma amiga que já não via há algum tempo, teve de ser carregada escada abaixo porque mal podia andar, depois de uma tarde cheia de cordialidade voltou para casa de bom humor e, triunfante, subiu as escadas com suas próprias forças!

O *fígado* dos seres humanos, e também o dos animais, é muito rico em cobre, razão por que o fígado, na forma de alimento, e o extrato de fígado, em forma de injeção, têm sido dados com sucesso, para os que sofrem de deficiência de cobre.

Em tipos com deficiência de cobre, que tendem a ser pálidos, isto é, que sofrem de carência de pigmento, há a ocorrência de E.M., tuberculose e esquizofrenia. Todas essas doenças são males onde a carência de amor desempenha um papel. Os operários que trabalham em minas de cobre poderão sofrer de envenenamento por cobre, mas nunca contrairão qualquer uma dessas três doenças.

Quando alguém está sofrendo de envenenamento, ou quando está com alguma infecção ou alergia, seu sangue conterá uma quantidade maior de cobre, que foi extraída das reservas do corpo a fim de purificá-lo. A propósito: na I Guerra Mundial, o corpo médico descobriu que os ferimentos causados por projéteis recobertos de cobre provocavam menos infecção do que outros ferimentos: mais um testemunho do elevado efeito desinfetante do cobre.

As pessoas que não têm uma válvula de saída para sua energia amorosa, pelo fato de não poderem encontrar ninguém que aceite o seu amor, freqüentemente apresentam cálculos biliares que contêm cobre. Talvez o corpo faça isso para liberar o cobre que se tornou supérfluo, uma vez que não é necessário para transmitir a força do amor.

Os casos de mau funcionamento da glândula tireóide são devidos a perturbações do conteúdo de cobre no corpo, sintomas de aspectos desfavoráveis concernentes a Vênus no horóscopo. Às vezes uma tireóide exageradamente ativa pode ser curada comendo-se vegetais ricos em cobre, tais como o nabo – um dos legumes mais saudáveis e, não obstante, mais impopulares na nossa opulenta sociedade cheia de pessoas doentes!

A incidência da E.M. é excessivamente alta na Inglaterra (onde há grandes áreas alagadiças e pantanosas), na Suíça, em Viena e no sul da Alemanha, ao passo que está declinando no norte. O fato de as pessoas que bebem vinho sofrerem menos de E.M. do que as que não bebem provavelmente está relacionado com a pulverização dos vinhedos com sulfato de cobre.

Os espasmos que acompanham a E.M. são visivelmente reduzidos por medicamentos que contenham cobre; torna-se mais fácil mover e dobrar as pernas, enquanto a sola dos pés torna-se mais macia. Eis outro exemplo da ligação entre Vênus e as pernas!

Uso Doméstico do Cobre Como Remédio

Para *contusões*: esfregue a área afetada, duas vezes ao dia, com um pedaço de cobre.

Para *enfisema*: com um pedaço de cobre (ou de níquel) ou com água que conteve o metal, esfregue o peito durante três minutos duas vezes ao dia, durante doze dias.

Para *gripe*: esfregue a testa com cobre, duas vezes ao dia.

Para *palpitações*: deixe cinco gramas de cobre dentro de um copo com água; beba metade do líquido antes da refeição principal e outra metade depois.

Para *hérnia*: esfregue com cobre a área onde ocorreu a ruptura, duas vezes ao dia durante 25 dias.

Para *nevralgia*: duas vezes ao dia, durante quatro dias, esfregue com cobre a área dolorida.

Para *escarlatina*: esfregue a região do coração com cobre duas vezes ao dia, durante cinco dias.

Para *uremia*: esfregue a região da bexiga com cobre, duas vezes ao dia.

Vênus cuida dos poderes do espírito humano que favorecem a associação; o contato da pele (a pele é um órgão de Vênus), o contato do olho ou a palavra suavemente pronunciada (Vênus tem domínio sobre a linguagem e a literatura!) Onde Vênus estiver em declínio, você encontrará pessoas privadas de contato com outras pessoas.

O Pó da Simpatia

Relacionado com o que foi dito acima, há também o uso do vitríolo de cobre como o famoso *poudre de sympathie*, no qual estão em evidência os efeitos refrescantes e sedativos do cobre. Embora o amor aqueça, ele nunca faz nascer uma paixão (Marte faz isso). Pelo contrário, ele acalma os espíritos agitados, apazigua desacordos, reconcilia casais brigados, pacifica – às vezes, à custa da verdade. Ouvimos muitas histórias a respeito dos extraordinários efeitos desse pó misterioso, algumas a respeito de como ele pode afetar o espírito, tornando-o benevolente e dando-lhe uma disposição pacífica, e algumas sobre o seu sucesso no tratamento de ferimentos. Examinaremos alguns exemplos e faremos o nosso próprio julgamento.

Durante muitos séculos, um dos mais famosos usos do cobre foi na forma do pó da simpatia, na verdade, sulfato de cobre ou vitríolo de cobre. Ele pode ser feito facilmente, aquecendo-se cobre, ou óxido de cobre, junto com enxofre. Hoje em dia ele é usado para preservar madeiras, para ajudar a combater certas doenças das plantas, na estampagem e no tingimento do tecido de algodão e na fabricação de eletrótipos. Mas durante muitos e muitos anos o vitríolo de cobre, sob a forma de pó da simpatia, foi usado na medicina para curar males por meio da *simpatia*. Esse método foi redescoberto recentemente (1976), usando-se um equipamento muito mais sofisticado, o que constitui mais um exemplo do renovado interesse da ciência pela "magia medieval".

A premissa básica dos magos medievais era a de que cada parte de um corpo vivo, mesmo que tenha sido removida desse corpo, permanece ligada a ele por um campo etérico de vibração, de modo que qualquer coisa que acontece no corpo é registrada na parte removida e produz efeito nela, e vice-versa. Essa é a base daquele tipo de magia que usa pedaços das unhas de uma pessoa, cabelos, etc., para fazer uma boneca representando o indivíduo a quem eles pertenceram. O que quer que seja feito com esses pedaços terá efeito sobre a pessoa viva. O melhor é uma gota de sangue, ou, talvez, urina, suor ou saliva.

No século XVII, esse método foi usado para tratar feridas: uma atadura com um pouco de sangue proveniente da ferida era colocada numa tigela com água onde havia sido dissolvido um punhado de vitríolo de cobre. Isso tinha um efeito refrigerante sobre o sangue que havia na atadura e, conseqüentemente, através da ligação etérica, sobre a ferida, que então parava de inflamar e logo cicatrizava.

Em 1644 e 1647, vários tratados sobre o *pulvis sympathicus* foram publicados na França, precedidos por um tratado da autoria de Ericius Mohy. Discutindo o trabalho de Mohy, Van Helmont observou que o tratamento sempre alcançava maior sucesso quando a pessoa que o executava era sinceramente dedicada e estava determinada a ajudar o doente.

Kenelm Digby, um nobre da corte do rei Carlos I da Inglaterra, escreveu um livro sobre esse método de cura: *Uma dissertação a respeito da cura de ferimentos pelo pó da simpatia*, publicado em Londres, em 1658. Ele descreve, com minúcias, como um certo Mr. Howel sofreu um ferimento grave na mão durante um duelo na corte. Seu relato se desenrola da seguinte maneira:

> "Eles o levaram para casa e mandaram buscar um cirurgião. Contudo, sendo isso ouvido na corte, o rei mandou um dos seus próprios cirurgiões, pois Sua Majestade tinha grande afeição pelo dito Mr. *Howel*."

> "Foi minha sorte em morar perto dele e, quatro ou cinco dias depois, quando eu estava me preparando, ele veio à minha casa e pediu-me que olhasse seus ferimentos, pois eu sei, disse ele, que o senhor tem remédios extraordinários para tais circunstâncias e meus cirurgiões estão com receio de que uma gangrena possa se manifestar e que, então, a mão tenha que ser amputada. De fato, suas feições revelavam que ele estava sentindo uma grande dor, que ele disse que era insuportável em conseqüência da extrema inflamação; eu disse a ele que o serviria com toda a boa vontade, mas que se ele, por acaso, soubesse de que maneira eu iria curá-lo, sem tocá-lo ou vê-lo, ele talvez não quisesse se expor ao meu método de cura porque poderia pensar, porventura, que era ineficaz ou, então, supersticioso; ele respondeu que as coisas maravilhosas que muitos tinham contado a meu respeito, com referências à minha maneira de curar, não

permitiam que ele duvidasse, de forma alguma, da eficácia do meu método; e disse que tudo o que eu tinha a dizer a seu respeito está compreendido no Provérbio Espanhol: *Hagase el milagro, y hagalo Mahoma* [Que o milagre seja feito e que Maomé o faça.]

"Eu pedi a ele qualquer coisa que estivesse manchada de sangue, de modo que ele logo mandou buscar sua liga, com a qual fora feito o primeiro torniquete em sua mão; e tendo mandado buscar uma bacia com água, como se fosse lavar minhas mãos, tomei um punhado de Pó de Vitríolo, que tinha em meu gabinete, e logo o dissolvi na água. Assim que a liga manchada de sangue me foi trazida, coloquei-a dentro da bacia, observando, nesse ínterim, o comportamento de Mr. Howel, que conversava com um cavalheiro num canto do meu aposento, sem prestar qualquer atenção ao que eu estava fazendo; mas ele fez um movimento súbito, como se tivesse descoberto uma estranha alteração em si mesmo; perguntei se sentia alguma aflição. Ele disse: Não que eu sinta alguma aflição, mas descobri que já não sinto mais dor, parece que há uma espécie de frescura agradável, como se um guardanapo úmido e frio tivesse sido estendido sobre minha mão e tivesse tirado a inflamação que antes me atormentava. Eu respondi: Uma vez que o senhor já sente que o meu medicamento está fazendo um efeito tão bom, aconselho-o a jogar fora todas as suas ataduras, mantendo apenas o ferimento limpo e numa temperatura moderada, nem quente e nem fria. Isto logo foi relatado ao Duque de *Buckingham* e, um pouco depois, ao Rei, e os dois ficaram curiosos e quiseram conhecer as circunstâncias do acontecido, razão pela qual, depois do jantar, tirei a liga da água e coloquei-a para secar diante de uma grande lareira; ela ainda nem secara, mas o criado de Mr. *Howel* chegou correndo para dizer que seu Amo sentia tanta queimação quanto sentira antes, se não mais, pois o calor era tal como se a sua mão estivesse entre carvões em brasa; eu respondi que, embora isso tivesse acontecido naquele momento, não obstante logo ele estaria aliviado; pois eu sabia a razão desse novo acidente e tomaria as providências necessárias, e que, portanto, o seu Amo estaria livre daquela inflamação, talvez até mesmo antes que lhe fosse possível voltar para junto dele; caso seu Amo não sentisse alívio, eu queria que ele voltasse a mim imediatamente; caso contrário, ele não precisaria voltar. Depois disso, ele saiu e eu, no mesmo instante, coloquei novamente a liga na água; depois disso ele encontrou seu Amo sem qualquer dor. Para ser breve: a partir desse momento não tornou a haver sensação de dor; no prazo de cinco ou seis dias as feridas estavam cicatrizadas e completamente curadas."

Joan van Beverwijk, no seu livro *Artes curativas*, conta-nos que conversou pessoalmente com Digby e ouviu várias histórias inacreditáveis sobre o poder curativo desse pó extraordinário. Ele está de pleno acordo com a explicação, geralmente aceita, sobre como isso funciona:

> "Os que quiseram estabelecer uma explicação para esse método de cura atribuíram-na a um espírito presente em todas as partes do mundo, que transmite forças e efeitos ocultos e liga todas as partes do mundo, produzindo espantosas correspondências entre elas. Quando o sangue que há numa arma, ligada ao sangue do ferimento, está sendo tratado, o espírito transmissor transfere facilmente os efeitos curativos para o ferimento."

O tratamento para deter hemorragias nasais deixando que as gotas de sangue caiam em água fria baseia-se no método da simpatia. O conselho de Blankaart para hemorragias nasais é o seguinte:

> "Coloque um pouco de vitríolo romano em pó num lenço ensangüentado e mantenha-o num lugar aquecido, ou dissolva o vitríolo em água, aqueça-a no fogo e pingue nela várias gotas de sangue, e quando tudo estiver frio a hemorragia cessará. Algumas pessoas pingam o sangue sobre um ferro em brasa."
> Van Meekren recomenda:

> "Outras usam o truque de deixar pingar quatro ou cinco gotas

de sangue numa caixa contendo vitríolo azul em pó, misturando-as e esfregando a mistura na axila do lado correspondente à narina afetada. Essas pessoas consideram essa mistura um segredo valioso."

Durante muitos anos, podia-se encontrar o pó da simpatia em todas as boticas. Há descrições a respeito de ele ter sido posto no chá e dado a pessoas que nem suspeitavam disso. O suposto resultado disso era deixar essas pessoas de bom humor.

O Cobre na Natureza

O reino mineral

O cobre está amplamente distribuído na crosta da Terra, com depósitos importantes em regiões onde sempre viveram povos de pele escura. A história do cobre começa no Oriente Próximo, onde o cobre *in natura* foi descoberto pela primeira vez. Certas descobertas nos habilitaram a afirmar que o cobre estava em uso nessa região 6.000 anos antes de Cristo. No antigo Egito, a fusão do minério de cobre já devia ser conhecida por volta de 3.900 a.C., a julgar pelas descobertas de jarros de cobre que datam desse período. Durante séculos, todos os objetos importantes usados na vida cotidiana foram feitos de cobre e, a partir de 3.100 a.C., eles foram feitos de cobre ou de bronze, em períodos alternados, até que finalmente, em 2.100 a.C., o bronze dominou em todas as partes do mundo.

Depois do ouro e da prata, o cobre é o mais antigo metal conhecido, tendo a sua descoberta antecedido à do ferro. As armas, elmos e escudos dos sumérios, dos fenícios e de outras raças antigas eram feitos de cobre. O granito usado para construir as pirâmides foi talhado com ferramentas de cobre. Naturalmente, na Antigüidade, o cobre foi usado em seu estado natural, uma vez que podia ser modelado e endurecido com muita facilidade por meio de marteladas. Mais tarde veio a descoberta da técnica da fundição, um dos mais primitivos exemplos da ciência da metalurgia.

Os romanos, povo de Marte, naturalmente tinham uma tendência maior para o uso do ferro, muito embora ainda trabalhassem bastante com o cobre proveniente da Espanha.

Na Idade Média, o cobre voltou a estar em moda e foi minerado na Alemanha, em Mansfeld. O uso do cobre na vida cotidiana caminhou de mãos dadas com um grau muito maior de sensibilidade na vida de um modo geral.

O cobre ocorre como um minério e também em estado puro (esses depósitos nativos raramente são exploráveis), juntamente com enxofre, nas rochas básicas profundas ("femininas"). Como convém a um metal de Vênus, suas várias formas são extremamente coloridas. As piritas de cobre comuns são amarelo-ouro, a covelina é de um púrpura azulado e existem sulfuretos metálicos de cobre multicoloridos em todas as tonalidades do arco-íris. O cobre de matiz vermelho é azul se olharmos através dele. Todo cobre, uma vez exposto ao ar, se reveste de uma camada de azinhavre, e é desta maneira, pela combinação com a água e o ar, que se forma a malaquita, a pedra macia tão popular entre os egípcios. Cerca de 4.000 anos atrás, a caixa de maquilagem de uma dama egípcia era de malaquita e a própria pedra era esfregada para produzir uma substância para colorir as pálpebras. Quando misturada com excremento de moscas, transformava-se num remédio para a temida doença egípcia dos olhos.

Outras pedras preciosas e semipreciosas que contêm cobre são a turqueza, a azurita, a calcopirita, a tabernita e a crisocola.

Se imaginarmos a Terra como um corpo semelhante ao corpo humano, os ricos depósitos de cobre de Katanga, por exemplo, corresponderão ao fígado, enquanto os das Américas do Norte e do Sul corresponderão ao canal da espinha e ao cérebro. Atualmente, os depósitos mais importantes, por ordem de riqueza, estão nas Américas do Norte e Central, na América do Sul, na União Soviética, na África Central e do Sul e na Austrália. Há depósitos menores espalhados por toda a Europa.

O reino vegetal

No reino vegetal, há muitas plantas ricas em cobre que têm sido usadas, desde a Antigüidade, como remédios para as doenças causadas por deficiência de cobre.

As seguintes plantas comestíveis estão entre os vegetais ricos em cobre:

O *trevo vermelho* (Trifolium pratense) sobrepuja todas as outras! Esta planta é excelente para fortalecer as pessoas, de um modo geral, e para desenvolver os nervos. Qualquer pessoa sensível, parada num campo de trevo vermelho, cultivado como alimento para o gado, será capaz de perceber isso. As folhas e as flores podem ser comidas cruas, ou podem ser usadas para fazer uma infusão que deve ser bebida.

A *alface*, que, por causa do seu efeito calmante sobre os nervos, era usada pelos romanos antes de irem para a cama.

O *alho* e o cebolinho são bem conhecidos por fazer baixar a pressão alta do sangue.

A *cenoura* pode ser espremida para fazer um suco que abaixa a pressão e é um excelente remédio para o fígado e também para os parasitas intestinais, um efeito típico do cobre.

A *couve*, a *couve-rábano* (*couve-nabo*) e o *nabo* diminuem a atividade da glândula tireóide. Nada é tão eficaz quanto uma folha de couve ligeiramente esmagada, para fazer com que substâncias nocivas saiam do corpo através da pele! Quer seja ardor ou água, pus ou um tumor, veneno ou dor – a couve, com seu efeito purificante, fará sair qualquer coisa que não deva estar lá.

O *morrião branco* e o *astropólio* comidos crus, quando novos e frescos, são o melhor remédio para convulsões das crianças.

As sementes de *girassol*, constantemente mastigadas pelos russos, são muito saudáveis; também o são quando espremidas para fazer óleo.

Outras plantas são a *beterraba de forragem* (uma deliciosa espécie de beterraba que cresce na Suíça e na Alemanha), as nozes (alimento do cérebro! Basta você olhar para a noz que está dentro da casca para ver que sua forma é exatamente igual à do cérebro humano, e também contem muito cobre!), o *tomate*, a *ervilha*, a *banana* e a *beterraba sacarina*.

Algumas plantas que contêm pouco cobre: o trigo, a cevada, a aveia, o centeio, as batatas, o óleo de oliva e qualquer tipo de noz (amêndoas, avelãs, castanhas).

O paciente que está sofrendo por causa de falta de cobre no sangue poderá ser muito beneficiado pela inclusão, em sua dieta, de plantas ricas em cobre.

O reino animal

Nós assinalamos o fato de que o cobre, como uma substância de Vênus, negativa e basicamente feminina, tem um efeito refrescante. Ele pertence ao reino dos animais de sangue frio, em oposição ao ferro de Marte, que pertence aos animais de sangue quente e aos corpúsculos vermelhos do sangue. Nós também testemunhamos o efeito refrescante do vitríolo de cobre no tratamento de ferimentos.

Ora, parece que os pequenos animais de sangue frio, tais como mexilhões, ostras e caracóis, além dos caranguejos e lulas, que vivem no mar ou são atraídos para a água, como as lesmas, *respiram* com a ajuda de um pigmento do sangue que é rico em cobre! Este é conhecido como hemocianina. Esses moluscos são ricos de proteína, que, por sua vez, é rica em enxofre, e excretam cálcio para construir seu esqueleto exterior, sua concha protetora. Esses animais tenros e úmidos pertencem à água, o elemento sensorial que tem relação com a vida emocional das pessoas. É fato muito conhecido que as ostras têm um efeito afrodisíaco.

No que concerne às espécies mais elevadas, somos surpreendidos por uma qualidade diferente: os pássaros estão em condições de manifestar o poder de Vênus num nível mais elevado do que o dos moluscos silenciosos: eles podem cantar! Outras espécies de pássaros utilizam o seu cobre de maneira diferente: eles não o transformam em canto, mas em cores, que decoram suas asas com extrema beleza. O conteúdo de cobre da pigmentação da asa foi medido e em certas espécies de pássaros chega a alcançar 6%. Portanto, podemos comparar a encantadora ave do paraíso ou o esplêndido pavão com os engalanados tipos de mulher de Vênus. É evidente que o pavão deve ao cobre sua linda cor azul-esverdeada.

O gato malhado que, incidentalmente, é originário da ilha de Chipre, rica em cobre, deve agradecer ao cobre pela cor avermelhada de sua pele.

O Cobre na Nossa Vida Cotidiana

A música e o canto pertencem a Vênus. Para os sons de uma fanfarra, são usados instrumentos de latão: os clarins exultam, as trompas ressoam! O latão sempre emite um som jubiloso! Os sinos das igrejas são de bronze, uma mistura de cobre e estanho, Vênus e Júpiter, amor e fé.

Normalmente, os pequenos sinos de mão também são feitos de latão, às vezes trazendo o emblema dos quatro apóstolos: um leão (Marcos), uma águia (Mateus), um touro (Lucas) e um anjo (João). E no Oriente, todos os sinos ouvidos nas ruas, cada um com a sua própria forma e som, são de latão.

O artista gráfico usa uma placa de cobre polido para produzir moldes, gravuras pontilhadas e gravuras a água-forte. Outras técnicas que envolvem o uso do cobre são: *taille-douce* (gravura a buril), aquatinta e ponta-seca. O cobre é usado para inúmeras formas de arte e para monumentos, mas também para proteger casas e navios na forma de pigmentos para tintas de belas cores. A função protetora do metal mostra ainda outro poder típico de Vênus.

Depois da prata, o cobre é o maior condutor de calor e também de eletricidade. Quase 70% da produção mundial é usada para aplicações que envolvem o cobre como condutor. O cobre também é usado na indústria pesada e na construção de instrumentos médicos eletrônicos muito sensíveis. O cobre tem um papel importante na tecnologia de aquecimento e resfriamento, na construção de máquinas e, especialmente, como camada intermediária entre o cromo e o níquel na galvanoplastia. O cobre facilmente forma ligas com outros metais, mostrando assim o poder associativo de Vênus.

O latão é feito de cobre e zinco. De um ponto de vista cósmico, isso significa que Vênus se une a Urano para elevar ou sublimar o cobre vermelho, que é expresso no nome Vênus Urânia; preso, não obstante livre. A coisa mais linda que existe na Terra é a sublimação dos sentimentos de amor em atividades estéticas criativas, pensamentos elevados numa forma deliciosa, quer sejam expressados na poesia, na música ou na dança.

Desse modo, por analogia, o cobre conduz calor e amor, eletricidade e energia nervosa.

Além de unir e conduzir, refrigerar e acalmar, alegrar e encantar, o cobre também pode revelar uma *natureza essencial*: uma solução de cloreto de cobre azul profundo pode ser parcialmente evaporada para formar delicados cristais em forma de agulha que, por meio da adição do extrato de certas plantas ou do sangue humano, podem ser embebidos em papel mata-borrão para produzir formas que um perito pode ler para descobrir quais forças cósmicas estão operando naquela planta ou naquele sangue. Dessa maneira, pode-se descobrir, no sangue, doenças que ainda não produziram quaisquer sintomas (por exemplo, o câncer). Ao mesmo tempo, verifica-se que certas plantas medicinais mostram formas iguais às do sangue que está sendo examinado. Isso mostra uma correspondência essencial entre elas e a pessoa doente, o que indica, em si, a sua conveniência de seu uso como remédio no caso em questão.

Desse modo, em várias áreas da vida, o cobre é o nosso auxiliar e o nosso amigo, nos dá conforto e nos fortalece. Em particular, ele controla e, se necessário, melhora o nosso raciocínio, respiração e digestão, nossas veias, glândulas e canais lacrimais. Nossa capacidade de amar, de apreciar a arte, nossa habilidade criativa e nosso amor à vida são todas qualidades intensificadas pelo cobre. O cobre nos protege – é por esse motivo que os caldeireiros que trabalham com cobre nunca são contagiados pela cólera.

Volte a usar o cobre e trate-o com respeito. Que tornem a aparecer as chaleiras, os candelabros, as panelas, os candeeiros, as tabaqueiras, as espevitadeiras e as tampas de cobre para que então possamos poli-los, tocá-los e olhar para eles! Vida longa para o cobre!

As Pessoas de Cobre

As pessoas de cobre são amigáveis e inventivas. Elas sabem o que fazer com suas vidas! Você sempre encontrará flores sobre a mesa e lindos ornamentos brilhando ao sol. Uma melodia alegre, um belo livro, um gesto agradável – essas coisas estão sempre presentes, justamente quando são mais bem-vindas.

As pessoas de cobre acalmarão os mal-humorados com uma brincadeira leve e divertida e levantarão o ânimo dos deprimidos.

As pessoas de cobre apreciam a comida, gostam de beber e fumar. Para elas, o metabolismo é natural. A natureza enche-as de felicidade. Tudo é tão belo! Elas são gratas por qualquer coisa que lhes seja dada ou revelada, sem sentir necessidade de explorar isso mais além. Elas sempre podem fazer uso de qualquer coisa que a estação e o mercado ofereçam. Sem agir realmente, apenas reagindo, elas deixam que o meio ambiente determine o que irão fazer.

As pessoas de cobre são um pouquinho preguiçosas e gostam de ficar deitadas no sofá ouvindo música, esperando até que outra pessoa as convide para sair e passar uma noitada entre amigos. Elas se cercam de coisas lindas, em tons de azul, verde e ouro. Fazem colares de contas coloridas, colocam uma toalha de mesa sobre os ombros e tornam-se o centro de atração em qualquer festa. Amanhã é um outro dia, e a lavagem da roupa suja acabará sendo feita, de algum modo!

Em paz consigo mesmas, elas olham o mundo girando ao seu redor.

NÍQUEL

A Enigmática História do Níquel (Ni)

De onde vem o nome níquel? Das minas medievais que existem no coração da Europa desde os dias em que os canteiros eram mais ou menos clarividentes e podiam ver não só as rochas mas também os espíritos da montanha, ou os duendes, que também estavam à procura de pedras preciosas! Estes últimos não apreciavam as ferramentas usadas pelos homens e gostavam de pregar-lhes peças de quando em quando. Às vezes, quando os escavadores cortavam alguma coisa que se parecia com o minério de cobre ou prata que procuravam, e haviam começado a fundi-la, para retirar o metal que continha, esse metal desaparecia numa nuvem de vapor e, às vezes, se a coisa continha enxofre ou arsênico, ela desprendia, ao mesmo tempo, um odor fétido! Os mineiros sentiam que haviam sido enganados (trapaceados ou caloteados) por um truque sujo pregado pelos espíritos da montanha, os "Níqueis", que deram seu nome ao metal. As piritas de níquel vermelho, que têm uma forte semelhança com o minério de cobre, também eram chamadas de "Kupfernickel" (duende do cobre). Acreditava-se que o minério de cobalto, que é encontrado junto com o minério de prata, continha um demônio (Kobold). Foi assim que esses nomes entraram em uso.

Além disso, o níquel era um dos mais visíveis presentes dos deuses. Pois, juntamente com o ferro e o cobalto, ele ocorre no ferro meteórico que, literalmente, caiu do céu. As quedas de meteoros ocorrem constantemente, variando em tamanho desde pedaços bem grandes até a poeira meteórica. No extremo norte há montanhas que contêm 5-15% de níquel. Desde tempos muito remotos os esquimós norte-americanos têm feito uso dele. Os nativos mostraram três grandes meteoros a Peary, o explorador polar, dois dos quais ele conseguiu embarcar no seu navio, podendo agora ser vistos num museu de Nova Iorque. Os antigos árabes também contavam a respeito de chuvas meteóricas em que espadas invencíveis caíam do céu; de fato, têm sido desenterradas espadas de ferro meteórico.

O ferro-níquel, como o cobre-níquel (niquelita vermelha), deve ter estado em uso muito antes da Idade do Bronze, embora só em 1751 tenha sido descoberta a maneira de isolar o níquel puro dos minérios suecos. Há milhares de anos os chineses mineravam o sulfeto de cobre-níquel na província de Yunnan, transformando-o em *pai-t'ung*, ou cobre branco que, por sua vez, era fundido junto com um minério de zinco para produzir o que era conhecido como *paktong* ou *packfong* – prata-níquel (alpaca). Essa liga de cobre, níquel e zinco era usada para artigos domésticos, armas e moedas. Além dessa combinação muito conhecida, têm sido encontradas moedas, datando de pelo menos 200 anos antes de Cristo, que contêm cerca de 20% de níquel e 78% de cobre. Também foram encontradas moedas bactrianas, com a gravação da cabeça do rei Eutidemos (235 a.C.), feitas de uma liga de cobre-níquel contendo cerca de 20% de níquel. Portanto, o níquel americano não foi o primeiro!

Como o níquel não se desgasta e nem perde sua cor prateada, a Suíça, seguida por outros 42 governos, começou a cunhar moedas de níquel no fim do século XIX. O níquel é magnético, e essa é uma forma fácil de distingui-lo de moedas falsas feitas de outros metais.

Localização do Níquel e Seus Usos

Grande parte do níquel aparece como um sulfureto de níquel e ferro no Canadá, nos Estados Unidos, na Nova Caledônia, na Austrália, no norte da Europa, na U.R.S.S., em Cuba, no Brasil, em Bornéu e na África do Sul. A laterita de níquel é mais abundante. Uma argila que contém óxido de níquel é encontrada principalmente em lugares isolados e inacessíveis, nos trópicos. Essa argila consiste de água e vários elementos difíceis de separar do níquel, que só está presente em pequena quantidade: tarefa fascinante para pioneiros ousados em ambos os campos, o geológico e o químico!

Quando Axel Crostedt conseguiu isolar o níquel, em 1751, tornou-se evidente que este era quebradiço demais para ser usado sozinho. Entretanto, ele encontrou aplicação em ligas. Essa fragilidade era causada por impurezas: carbono e enxofre. O manganês melhorou a qualidade do níquel e tornou mais fácil trabalhar com ele, fazendo com que se tornasse possível enrolá-lo, poli-lo, soldá-lo e esticá-lo para fazer arame. Hoje, o níquel é usado em seu estado puro para fazer ligas. A maior parte da produção mundial total de níquel é usada para fazer muitos tipos de ligas diferentes, com finalidades gerais ou específicas. A porcentagem normal de níquel no aço inoxidável é de 8%, comparada com 18% de cromo. Da produção total de níquel, 40% são usados para a fabricação do aço inoxidável; 14% para ligas não-ferrosas de níquel; 13% para galvanoplastia; 11% para aço contendo níquel; 9% para ferro fundido e aço; 3% em produtos de cobre; e 10% para outros usos, tais como a proteção de metais flexíveis.

Na natureza, o níquel ocorre junto com o ferro, o cobalto, o cromo, o manganês, o volfrâmio, o molibdênio, o titânio, o urânio e a platina. Na tabela periódica, o níquel está próximo do ferro e do cobalto.

	ferro	*níquel*	*cobalto*
número atômico:	26	27	28
peso específico:	7,86	7,70	8,50
ponto de fusão:	1528°C	1490°C	1542°C

Todos os três são duros, resistentes e altamente magnéticos. O níquel é o mais maleável dos três.

O Níquel nas Rochas Antigas

As rochas da crosta terrestre são divididas em dois grupos: ácido e básico. O último, a camada profunda das chamadas *rochas verdes* (especialmente a olivina, conhecida como um peridoto, quando na verdade é uma pedra preciosa, e a crisólita em forma de rocha) contém os metais níquel, cobalto, cromo e platina. Essas pedras verdes, que na China são consideradas sagradas, são um presente do Sol para a Terra. As olivinas, que são ricas em ferro, contêm mais cobalto; as ricas em magnésio contém mais níquel.

No reino das plantas, o magnésio é parcialmente responsável pela cor verde da clorofila, que é produzida pela combinação de sol, ar e magnésio. O níquel também está mais à vontade no reino vegetal e com o lado das pessoas que está relacionado com o mundo vegetal, ao passo que o cobalto pertence ao ferro que há no sangue e ao lado das pessoas relacionado com o reino animal. Na garnierita, um importante mineral de níquel (silicato verde hidratado de níquel e magnésio), podemos ver uma estrutura fibrosa, semelhante à de uma planta, que também é comum à serpentina, da qual difere apenas pelo fato de conter níquel, em vez de magnésio. O níquel absorve substâncias fibrosas com facilidade. Encontramos o elemento verde semelhante a uma planta em todo o grupo de pedras aparentadas, tais como o asbesto, a serpentina, a pedra-sabão e a magnesita, para não mencionar a pimelita, um tipo de magnesita-níquel. A China provavelmente foi a primeira a usar pedras de níquel, e pequenas imagens e outros objetos freqüentemente são entalhados em pedra-sabão e serpentina.

Pedras verdes brilham em anéis de sinete e outros artigos de joalheria. Além da olivina verde-escuro, que é uma pedra muito procurada, as pessoas gostam muito do crisópraso (*criso* = ouro) uma calcedônia do níquel. Há dois tipos de crisólita: uma dourada e uma verde. O tipo verde retém tanta luz que até mesmo na sombra parece irradiar luz. A serpentina também ocorre em muitos tons de verde e, às vezes, é luminosa. Por volta de 1.500 a.C., o tipo dourado já estava sendo minerado na ilha de Zeberged, no Mar Vermelho, e era chamado de Gema do Sol. A pedra era tão altamente valorizada que os governantes mantinham a ilha inteira guardada noite e dia. A população era posta a trabalhar nas pedreiras, passando fome e sendo atacada por serpentes venenosas que pareciam guardar as pedras. De vez em quando o faraó tinha de mandar matar as serpentes.

A crisólita bruta é usada no tratamento homeopático das doenças dos olhos. Essa pedra também desenvolve a visão interior e a capacidade de ver o futuro. Ela livra seu portador da ilusão e lhe dá inspiração. Uma ligação deveria ficar bem clara para nós: o Sol, que dá à pedra a cor verde, é o astro que controla o *olho* dos homens e dos animais, e pode curar o órgão da visão com essa pedra. Olhos azuis brilhantes são mostrados na cauda do pavão; eles estão reproduzidos em pedras preciosas no trono persa recentemente derrubado. O pavão é a única criatura que pode comer serpentes venenosas sem vir a sofrer qualquer mal: a energia do Sol controla as serpentes protetoras!

O crisópraso verde-claro, que contém níquel, torna-se gradualmente mais pálido, por causa da perda de água, quando é exposto à luz, mas sua cor pode ser restaurada colocando-se a pedra numa solução de sulfato de níquel. Essa pedra tem sido usada em mosaicos desde o século XIV. Um pedaço dela era colocado sobre o corpo de uma mulher em trabalho de parto, para ajudar o nascimento. Supõe-se, também, que ela aumenta o desejo de compreensão e de percepção, isto é, de luz interior, assim como a faculdade da visão exterior. Ela derrama luz sobre os problemas.

Todavia, a olivina e o crisópraso serão, realmente, pedras do Sol? Sim – embora sejam mais conhecidas como pedras de Vênus e da Lua (que cuida do nascimento e do crescimento das plantas, aliás, de qualquer coisa que se relacione com plantas). Se, agora, lançarmos um olhar para o amigável níquel, veremos que também esse metal tem verdadeiras características de Vênus e da Lua: a tendência para revestir coisas, para torná-las mais bonitas e para se adaptar.

O Níquel e Seus Usos

O níquel é usado principalmente para fazer moedas. Todavia, desde que tem grandes vantagens sobre os outros metais quando se trata de seu uso prático (o níquel tem excelentes propriedades mecânicas e resiste ao calor e à corrosão), ele também é muito usado na construção de aparelhos químicos e nas indústrias eletrotécnica e de alimentos. Atualmente, o níquel é muito usado para chapeamento, usando-se uma cobertura de outros metais com uma camada de níquel para protegê-los da corrosão. É assim que o aço e outros metais tornam-se resistentes à ferrugem. Coloque uma fina camada de cromo por cima e terá um brilhante pára-choque de automóvel, puxadores ou maçanetas brilhantes. O níquel também é usado freqüentemente na fabricação de medidores usados nas indústrias de rádio, televisão e acumuladores, em parte porque é muito fácil trabalhar com ele (Lua);

suporta temperaturas elevadas e impede a corrosão. O níquel é resistente a álcalis e ao cloro.

Para se niquelar um objeto, ele é colocado num banho contendo uma solução de sulfato de níquel e alguns outros sais; então, ânodos de níquel são introduzidos no banho e a corrente elétrica passa deles para o objeto que vai ser niquelado.

Desde 1849, o antigo *packfong* chinês (feito de minério de zinco e de minério de cobre-níquel) tem sido fabricado na Europa, com níquel, zinco e cobre, e é conhecido como prata alemã ou prata-níquel. O conteúdo de níquel varia de 5 a 35% e, de acordo com ele, a cor varia do amarelo pálido até o quase branco. Coberto com uma fina camada de prata verdadeira (prata-níquel galvanizada) é um material ideal para talheres, baixelas e todo tipo de objetos decorativos. Os cabos telefônicos costumam ser feitos de uma liga que contém 18% de níquel.

Podemos dizer que, entre todos os metais, o níquel é o mais fácil de manejar.

A Energia do Níquel no Corpo e na Mente

No corpo humano, o níquel está presente no fígado, no pâncreas e no cabelo. O cabelo preto também contém cobre, ferro e cobalto; o cabelo ruivo contém ferro e molibdênio; mas o único metal que o cabelo grisalho contém é o níquel.

No reino animal, encontramos o níquel em grande quantidade em moluscos e na gema dos ovos de galinha. Isto indica claramente sua ligação com a Lua, pois ela rege os ovos e os embriões e torna úmidos os moluscos. Ostras e mexilhões estão no seu ponto mais sumarento quando há Lua cheia e estão no seu ponto de maior secura quando a Lua é nova. A ligação Vênus-Lua está em atividade nessas criaturas, o que explica porque elas são consideradas afrodisíacas. (Veja também o bismuto e o cobre.)

O níquel está ligado às forças da juventude e da beleza, do crescimento e da adaptação, da vida e do desenvolvimento. Ele cobre todas as coisas com o manto do amor, exatamente como Vênus, fazendo com que elas pareçam mais bonitas do que são! Ela dá luz e brilho aos nossos lares, às nossas mesas e aos nossos carros, e até mesmo, através de pedras preciosas, aos nossos olhos, corações e cérebros!

As Pessoas de Níquel

As pessoas de níquel são amáveis, atenciosas e bem comportadas. Elas sorriem com benevolência mesmo quando não têm essa intenção, e estão sempre prontas para fazer um favor ou satisfazer os desejos de alguém. Elas se vestem com muito gosto e amam o luxo e o esplendor, as festas e os divertimentos. Elas encobrirão qualquer coisa que for feia pendurando algo em cima dela e vestirão verdades desagradáveis com elogios amistosos.

As pessoas de níquel são um pouco ingênuas, permanecendo jovens e cheias de frescor durante a vida inteira, adorando crianças e sonhando com brincadeiras agradáveis; gostam de fazer com que as pessoas estejam sempre se divertindo e sabem conversar; sentem-se à vontade em locais de lazer, onde podem ostentar seu luxo e dedicar-se a seus divertimentos, em estações balneárias, hotéis, salões de beleza e casas de moda, cabarés, espetáculos e exibições.

As pessoas de níquel evitam as preocupações e os problemas, e fogem dos conflitos, do mesmo modo que o níquel se recusa a ser corroído. Uma atitude séria em relação à vida é algo que elas desconhecem completamente. Elas passam seu tempo livre em cafés ou com revistas, ou com qualquer coisa que agrade aos olhos, à boca e ao coração. Uma coisa é certa: não podemos passar sem as pessoas de níquel!

FERRO E AÇO

As Fontes do Ferro (Fe)

Há um jornal alemão chamado *Stahl und Eisen* (Aço e Ferro), palavras que expressam perfeitamente a natureza dos alemães e a alma nórdica.

Os mais importantes minérios com um conteúdo de mais de 50% de ferro são a magnetita, a hematita, a calibita e a siderita. O homem faz o aço com o minério de ferro que ocorre com grande abundância na metade norte do hemisfério setentrional, onde os continentes têm mais amplitude, formando, por assim dizer, o amplo seio da Terra. Importantes depósitos de minério de ferro são encontrados em muitas partes do mundo. O ferro puro só ocorre naturalmente nas rochas basálticas da Groenlândia, na ilha de Disko, e em alguns pontos da Alemanha.

A maior parte do ferro que há na Terra é ferro meteórico; desde tempos imemoráveis ele tem caído diariamente sobre a Terra, como pedras de várias formas e tamanhos, chamadas meteoritos (o equivalente a muitas toneladas tem chegado à Terra no decorrer da história) ou como poeira meteórica. De fato, a quantidade deste pó meteórico que contém ferro está na faixa de vários milhões de toneladas por ano. Ele desce principalmente no nosso outono, quando o Sol se encontra na constelação de Scorpius, a constelação de onde ele provém. Scorpius é o signo que exemplifica o caráter nacional da Alemanha!

O ferro é atraído por aqueles países e pessoas que são caracterizadas pela natureza essencial do planeta Marte, o deus da guerra dos gregos e dos romanos: os anglo-saxões estão sob a influência do signo do Carneiro, de Áries, e os alemães e japoneses estão sob a constelação do Escorpião, Scorpius. Estes dois signos são de Marte, cuja natureza encontra sua expressão mais pura através deles.

O cinturão completo do minério de ferro mineral é ainda acompanhado por outro cinturão de carvão. Pense no distrito do

FERRO E AÇO

O aço, feito com o ferro, é a alavanca do universo. Numa linguagem mais simples, ele é, acima de tudo, o metal da coragem e da defesa, uma válvula de saída para a nossa energia. O aço vibra com força e desejo ardente no sangue do homem.

Ruhr, na Alemanha, em Lorraine, na França, nas áreas americanas que contêm minérios em Duluth e Pittsburgh, em Magnitogorsk, na Rússia, e no aço dos galeses. Se visualizarmos a Terra como um corpo análogo ao corpo humano, o cinturão de ferro e carvão circunda o coração da Terra, onde o ar de seus pulmões sopra o fogo do seu coração e libera o fluxo de energia que vem de seu sangue tão rico em ferro. Já foi dito de Londres que "aqui bate o coração do mundo". No centro da Terra localiza-se o grande fogo onde Hefesto, ou Vulcano, tem sua oficina de ferreiro para forjar as armas dos deuses. A fumaça que sai de suas forjas escapa através de chaminés, os vulcões, que ocasionalmente expelem rocha derretida ou lava. Os homens tomaram a forja existente no coração da Terra como seu exemplo, quando teve início a Idade do Ferro, a Kali Yuga, que começou quando a Idade do Ouro e da Prata já havia terminado. Nós também, com a nossa indústria, nossa tecnologia e nossas guerras, vivemos numa Idade do Ferro.

As Fornalhas Ardentes da Idade do Ferro

Os homens não puderam resistir à idéia de copiar a forja da vida da Mãe Terra. Eles usaram o exemplo de seus pulmões para fazer foles destinados a abanar o fogo e um martelo para forjar o ferro incandescente, transformando-o em instrumentos e armas.

Antes de mais nada, porém, eles tiveram de extrair o ferro do minério. Só muito raramente ele se apresentava de modo a poder ser apanhado em sua forma pura – em Erzgebirge, na Boêmia, por exemplo. O método de extrair o metal provavelmente foi descoberto por acaso, quando uma floresta foi incendiada por um raio. Depois de apagado o fogo, encontrou-se uma massa de aparência esponjosa, que podia ser forjada em fôrmas ao ser batida com um malho durante um longo tempo. Quanto mais violenta a tempestade, mais quente o fogo e mais maleável o ferro. Os homens, então, construíram fornalhas de argila para seu uso, contra montículos de terra e com respiradouros por baixo. Do topo do monte de terra, o minério de ferro e o carvão eram despejados através da abertura existente no alto da fornalha. Uma vez aceso, o fogo era deixado arder durante três dias e três noites. Então, eram colhidos pedaços de ferro maleável. Estes formavam apenas uma pequena proporção do ferro contido no minério (o exame de pilhas de escória pré-histórica de metal fundido revela que uma proporção de 60 a 70% do ferro ainda está presente). Alguns milhares de anos antes de Cristo, este método de extrair o ferro era empregado pelos celtas.

Na Inglaterra, no século XV, os celtas começaram a construir fornalhas com um suprimento de ar muito maior, que produziam temperaturas suficientemente elevadas para derreter o ferro – de fato, os primeiros altos-fornos. O ferro fundido corria ao longo de um canal e caía em lingoteiras ou moldes, onde se solidificava. O ferro fundido resultante era muito mais frágil do que o primitivo ferro maleável. Aparentemente, em temperaturas mais elevadas, o ferro absorve de 3 a 5% de carvão e outras impurezas.

No ano de 1711, perto de Windermere, foi construída uma fornalha que tinha seis metros de altura e cobria uma área de dois e meio metros quadrados. Era dirigida por sete famílias e todos tinham de fazer a sua parte. O homem encarregado dormia ao lado porque tinha de levantar várias vezes durante a noite para drenar o ferro derretido. Durante o dia, as crianças vigiavam para ver a fumaça mudar de cor, o que significava que o ferro estava pronto para ser retirado. Vagabundos acampavam ao redor dela, porque emitia bastante calor no inverno. Essa fornalha esteve em uso até 1914, muito embora, nesse meio tempo, tivesse sido reconstruída para mudar sua forma, passando a ser redonda.

Enquanto isso, as pessoas foram mudando gradualmente o combustível utilizado, passando do carvão vegetal para o carvão mineral; conseqüentemente as fornalhas se mudaram das áreas florestais para as áreas de mineração de carvão, especialmente as próximas da costa, para onde era transportado o minério do interior do país.

Foi assim que se desenvolveram os poderosos altos-fornos da Europa, com suas línguas de fogo lambendo o céu noturno, onde seres humanos relativamente tão pequenos, controlam os gigantescos rios de metal fundido, de um branco incandescente.

O Duro Mundo do Aço

Cinco por cento da crosta terrestre consiste de óxidos de ferro. Há outros minérios de ferro além dos óxidos, isto é, os sulfetos, os carbonatos e os hidróxidos. Estes produzem 800 milhões de toneladas de ferro e aço todos os anos; a estimativa para 1980 é de um bilhão (1.000.000.000) de toneladas produzidas pelas colossais indústrias do aço existentes na Inglaterra, na Alemanha Ocidental, na França, na Bélgica e na Itália, nos Estados Unidos e no Canadá e, acima de tudo, na Europa Oriental, que é auto-suficiente em termos de minério. A U.R.S.S. é o maior produtor de minério de ferro do mundo e, além de uma gigantesca montanha de minério perto de Murmansk, também tem a maior mina do mundo, em Lebedin, próximo de Kursk.

O Japão tem de importar minério e, para esse fim, está construindo navios cargueiros que deslocam mais de 120.000 toneladas, o que significa que os portos para esses navios têm de ser cada vez mais profundos. A ilha Norte da Nova Zelândia tem areia negra, que contem óxido de ferro, prolongando-se por centenas de milhas ao longo da costa. Os navios japoneses têm aparelhos para sugar essa areia e retirar qualquer água existente. Ao chegar ao seu destino, eles tornam a pegar água suficiente para permitir que a areia seja bombeada para a terra. São necessários apenas 50 homens para processar um milhão de toneladas por ano. Estima-se que o suprimento de areia remanescente exceda os 600 milhões de toneladas.

Os altos-fornos modernos, que têm cerca de 30 metros de altura e são recobertos, por fora, com lâminas de metal, foram planejados para atingir um ponto de extrema eficiência. O principal material bruto para o ferro gusa é o minério que contém óxido de ferro, que no alto-forno é reduzido com a ajuda de coque e calcário. As escórias produzidas por esse processo são vendidas como adubo artificial, como lastro e material para pavimentação. Elas também formam o material bruto para a fabricação de lã de escória, uma lã mineral com propriedades excepcionais, usada para isolamento contra o calor, o frio e o ruído. O calor desprendido pela fornalha é usado para aquecer a própria fábrica.

O *ferro batido*, que, por seu baixo conteúdo de carbono

(0,2-0.6%) deveria, na verdade, ser chamado de aço, ainda é usado para fazer portões e grades decorativas para janelas, especialmente no sul da Europa. Ele também é usado para elos de corrente. A composição do *ferro fundido* pode ser tão variada quanto se desejar. O ferro gusa quebradiço que sai do alto-forno é o material básico, e a sua moldagem se torna mais fácil por causa da alta porcentagem de carbono que contém (2,5-4%). Às vezes, ele recebe uma adição de sucata de ferro, ou é combinado com outros metais, tais como o níquel e o cromo, ou com uma mistura de carbono, manganês e silício (de 5 a 10%).

Mas, o que *é* aço? Se você encontrasse uma receita de aço num livro de culinária, provavelmente ela estaria redigida da seguinte forma: "Adicione uma pitada de carbono ao ferro fundido, permitindo assim que os seus átomos se misturem. Deixe a mistura esfriar. Depois que essa mistura estiver endurecida, você terá então o aço, uma das ligas mais importantes e úteis que existem."

A quantidade de carbono requerida varia entre 0,1% e 1,9%, e é isso o que determina a resistência do aço. Mais de 1% torna o aço mais duro, mas também mais fraco. Quando há um conteúdo de carbono de mais de 2,5%, ele deixa de ser chamado aço e se torna ferro fundido.

Hoje em dia, o nosso "cozinheiro" que prepara o aço sabe lidar tão bem com a mistura que está no seu caldeirão que pode produzir aço capaz de satisfazer os pedidos mais exigentes. Na indústria do aço, para fazer aço de alta qualidade, eles começam com ferro gusa saído do alto-forno porque esse ferro contém apenas uma pequena quantidade de carbono (0,2-1,9%). Para tornar o aço mais adequado para usos especiais, outros elementos, isolados ou em combinação, têm de ser adicionados: níquel, cromo, manganês, molibdênio, vanádio, cobre, cobalto, berílio, titânio, tântalo, nióbio ou fósforo. O aço-manganês, por exemplo, é extraordinariamente forte. O açovolfrâmio é excepcionalmente duro, o mesmo se dando com o açovanádio. Esses tipos de aço, ditos de alta velocidade, são usados principalmente em obras de engenharia, para cortadores de metal. O alto ponto de fusão do elemento adicionado significa que esses tipos de aço são extremamente duráveis e podem ser trabalhados com rapidez. O aço com adição de cromo e níquel é popularmente conhecido como aço inoxidável. Hoje em dia, graças a um novo processo, ele pode ser produzido até mesmo em cores.

Até bem pouco tempo atrás, o aço, uma das substâncias mais poderosas entre aquelas sobre as quais a nossa sociedade industrial está baseada, era muito caro. As primeiras pontes de metal foram construídas com ferro batido, o mesmo acontecendo com a Torre Eiffel que, feita nas "Forjas de Wendel", foi construída com 7.300 toneladas de ferro batido.

A História da Indústria do Aço

Foi somente por volta da metade do século passado que foram desenvolvidos os primeiros processos por meio dos quais podiam ser produzidas grandes quantidades de aço líqüido. O primeiro foi inventado na Inglaterra, em 1856, por Henry Bessemer. Seu plano era eliminar as impurezas, que constituíam sempre uma grande dor de cabeça, injetando ar na fornalha que continha de 25 a 50 toneladas de ferro gusa fundido. O oxigênio existente no ar combinaria então com um pouco de ferro para formar óxido de ferro que, por sua vez, combinaria com o carbono, o silício e o manganês, impurezas indesejáveis. O carbono transforma-se em monóxido de carbono, que inflama e queima, produzindo dióxido de carbono. Os outros óxidos formam uma escória. Usando esse método, gasta-se um quarto de hora para purificar o ferro, e o aço pode ser retirado a cada vinte minutos. Isto fez baixar os custos para um quinto do que eram originalmente, porque o calor necessário passou a ser produzido pela combustão das impurezas! Durante a fundição, era preciso adicionar manganês para dissolver o óxido de ferro com a ajuda do ferrossilício e do alumínio; e também adicionava-se antracito, até alcançar-se o conteúdo correto de carbono.

As primeiras experiências de Bessemer foram malsucedidas, para consternação dos que o apoiavam financeiramente. Depois de gastar milhares de libras em pesquisas, Bessemer descobriu que o conteúdo de fósforo do ferro havia sido pequeno demais. O nitrogênio existente no ar causava a perda de tanto calor que somente um metal com um conteúdo elevado de fósforo podia alcançar a temperatura necessária. E mais ainda: o nitrogênio tornava o metal excessivamente quebradiço. Ele trocou o ar pelo oxigênio puro e isso resolveu o problema. Depois que todos os seus financiadores o abandonaram, Bessemer decidiu trabalhar por conta própria e logo estava produzindo um milhão de toneladas de aço por ano em Sheffield.

A história da indústria do aço é uma história de experimentação contínua. Hoje em dia há quatro processos importantes para se fazer o aço: o processo Thomas, o processo Siemens-Martin, o processo oxiaço e o processo aço-elétrico. O processo oxiaço é o mais amplamente usado em todo o mundo. Ele envolve o uso do oxigênio puro para reduzir o conteúdo de carbono, dando um aço de alta qualidade. É também um processo extremamente rápido – um ciclo completo, incluindo carregar e retirar, dura três quartos de hora. O processo Siemens-Martin usa óleo ou gás como combustível, e o eletro-processo é aquecido por eletricidade. A composição do aço pode ser controlada de uma forma admirável, especialmente em fornos elétricos.

O aço moderno é tão imensamente duro e possui uma tal variedade de usos que impregna a nossa civilização atual. Acabamos ficando com uma sociedade Marciana, que rejeitou, como inaceitável e inútil, tudo o que é suave e gentil. A industrialização, que caminha de mãos dadas com o desenvolvimento excessivo da ambição do homem, influenciada pelo ferro, destruiu a natureza. Onde foi que nós erramos?

O Poder do Ferro no Corpo e na Alma

Vamos olhar o corpo humano. Que papel o ferro desempenha nele? Ele carrega consigo o pigmento vermelho do sangue (a hemoglobina), que contém nossa energia Marciana, nosso espírito empreendedor e nossa energia para trabalhar e lutar. O ferro nos faz desejar ação e nos dá a capacidade de realizar, em termos físicos, aquilo que a alma visualizou. Marte nos faz desejar a vida terrena e o trabalho físico. Ele dá aos teutões seu espírito de luta e seus cabelos louros, que faziam tanta inveja aos romanos.

O ferro conduz o oxigênio por todo o corpo, para que este possa renovar as células e manter em atividade o processo de combustão, dando-nos energia para uma vida ativa. Acima de tudo, porém, ele permite-nos pensar com clareza. Portanto, nosso corpo é uma espécie de fornalha!

As pessoas anêmicas não podem enfrentar a vida. Se elas comerem urtigas ou espinafre, ambos ricos em ferro, seu entusiasmo pela vida retorna. Às vezes é suficiente que toda a água que bebemos seja tirada de um balde que contenha um prego enferrujado no fundo. O balde deverá ser mantido sempre cheio, para que a água não acabe nunca! Este é um velho remédio rústico que, infelizmente, hoje nem sempre é possível, uma vez que agora os pregos já não são feitos de ferro puro.

O ferro traz consigo o desejo pela vida na Terra: onde quer que haja ferro, há a vontade de viver (seria muito natural encontrar Marte fortemente situado no horóscopo de uma pessoa deste tipo). Assim como o centro da Terra – 2.900 quilômetros abaixo da superfície – consiste de ferro líqüido, assim também toda a vida terrena começa com esse metal. Podemos ver isso através de plantas ricas em ferro, como a verbena ou urgebão, apelidada de "vara da vida", e as urtigas picantes. Isso explica por que no conto de fadas de Andersen, sobre Elisa e os onze cisnes, a princesinha tece camisas de urtigas para seus irmãos que foram transformados em cisnes por uma feiticeira malvada. Eles tinham saído de seus corpos e queriam deixar esta Terra, tal como fazem hoje em dia as pessoas que usam drogas. Todavia, as urtigas, com seu ferro, quebraram o encanto, pois o ferro amarra a alma ao corpo.

O ferro está relacionado com características masculinas, com a encarnação e com a conquista e o controle do mundo material. Ele também está relacionado com a guerra e com o trabalho, que em si é uma luta contra a matéria. Os druidas célticos proibiram o uso do ferro porque anteviam suas consequências. Mas eles não puderam deter o progresso. Por volta da Idade Média, o ferro estava desempenhando um papel importante na Europa. As espadas de Damasco e de Toledo tornaram-se armas famosas. Guerras se desencadearam como se os homens simplesmente quisessem colocar suas armas em uso, padrão que tem sido seguido até os dias de hoje.

O ferro no sangue dá ao homem o anseio de mostrar seus poderes. Ele olha para a grama e para os juncos (plantas de Marte) de pontas aguçadas e copia suas formas para fazer lanças, chuços, adagas, espadas, espadas de dois gumes, esporas, estiletes, machados, cinzéis, agulhas, tesouras, serrotes, anzóis, pontas de seta, parafusos, pregos, fechaduras e trancas.

Hoje em dia, torres e pontes, trens, navios e aviões são todos feitos de ferro. O ferro que há na alma dos homens dá-lhes o desejo de conquistar, e o ferro que há em seus corpos ajuda-os a alcançar esse objetivo.

Na luta da vida, nossas vontades são aceiradas: nosso ferro transforma-se em aço mediante a combinação de certas características, de modo que a energia de Marte já não é mais usada em sua forma bruta, para guerrear e lutar, ou para fazer dinheiro por meio da fabricação de armas, mas está se transformando numa força que se move na direção de um ideal elevado. O que o homem precisa é do aprimoramento de sua energia e de vontade para trabalhar!

O Uso do Ferro na Medicina

Na metaloterapia, o ferro é usado para tratar a anemia e a clorose, porque carrega consigo o pigmento vermelho existente no sangue. Para uso externo, tome um pedaço de ferro e esfregue-o sobre a pele da região afetada. A cólica, por exemplo, é tratada esfregando-se o abdômen duas vezes por dia, diariamente. Para a retenção da urina, faça massagens na área da bexiga. Para meningite, esfregue um pedaço de ferro sobre a cabeça três vezes no primeiro dia, e nos dias subseqüentes use água de cal. Para um cisto, mantenha um pedaço de ferro mergulhado em água durante 12 horas e esfregue o cisto com a água três vezes por dia.

Na homeopatia, o *Ferrum fos D12* é usado para anemia e debilidade geral; o *Ferrum metallicum*, em casos de hipersensibilidade; o *Ferrum magneticum*, para dores no pescoço e flatulência; o *Ferrum jodatum*, para escrofulose; e o *Ferrum picrinicum*, para males degenerativos dos órgãos do corpo.

O Homem de Ferro

Há uma velha história – um dos contos de fadas dos irmãos Grimm – a respeito do Hans de Ferro, um homem selvagem, coberto de cabelos vermelhos da cabeça aos pés, que vivia numa lagoa, numa floresta densa, e arrastava para dentro das águas sombrias qualquer caçador que se aproximasse muito dele. Esse homem foi capturado e mantido numa jaula, no pátio do castelo. O pequeno príncipe, que costumava brincar ali, deixou sua bola dourada rolar para dentro da jaula e, para poder ter a bola de volta, libertou o homem selvagem. Assim o homem se venderá, e venderá a sua cultura ao ferro bruto.

O príncipe, então, teve que passar por uma longa série de provas e, ao completar a última delas, com sucesso, casou-se com a princesa dos seus sonhos. Na festa do casamento, um fidalgo desconhecido, ricamente trajado, apareceu: era Hans de Ferro, já livre do encanto que havia sido lançado sobre ele. O príncipe, sem saber o que fazia, libertara-o movido por sua vontade de ferro, que lhe dera a determinação para fazer o que fosse bom ou certo durante o período de provas.

As Pessoas de Ferro

Há diferentes tipos de pessoas de ferro, dependendo do grau de civilização de cada uma. Como o ferro gusa bruto, há os boxeadores, os açougueiros, os soldados e os assassinos. Mas, como o aço nobre, há as pessoas que lutam pelo que é certo, pela liberdade de escolha, por uma vida saudável e natural. As pessoas de ferro dão bons agricultores! O tipo mais elevado de ferro é o ferreiro, que transforma espadas em foices.

As pessoas de ferro são espontâneas, francas e honestas. Amam o trabalho, especialmente quando envolve o domínio de energias naturais. Sua cor saudável é devida à boa circulação, pois elas estão sempre em movimento e amam o ar livre.

Se usam sua energia tendo em vista o objetivo correto e tendo em mente o bem da sociedade, as pessoas de ferro são capazes de desintoxicar o ambiente que as rodeia e dar-lhe um novo desenvolvimento. Se apenas usarem essa espada enviada pelo céu para cravá-la na mentira, como São Jorge ao matar o dragão, a verdade aparecerá tal como o sangue do dragão, para que as pessoas de ferro se banhem nela e se tornem invulneráveis. O idealismo honesto e uma vontade de ferro fazem heróis!

ESTANHO

Fontes do Estanho de Júpiter

Por muitos e muitos séculos, o estanho vem sendo extraído da Terra. Há muitas versões da história do estanho; mas, mesmo quando tomamos todas elas em conjunto, elas dizem realmente muito pouco. Todavia, a pele da Terra, ou crosta, contém aproximadamente 0,001% de estanho, e este quase nunca ocorre em forma pura. O estanho (*stannum*, Sn) tem uma aparência pronunciadamente metálica – é muito brilhante e sua cor é prateada. O estanho puro é macio demais para ser usado sozinho e precisa ser combinado com outros metais, como o cobre, o bismuto, o chumbo ou o antimônio. Embora seja verdade que importantes depósitos de minério de estanho são encontrados em toda parte do mundo, o estanho ocorre principalmente num anel ao redor da Terra que coincide com a eclíptica, ou seja, num ângulo de 23º 30' em relação ao equador. Sobre essa linha estão a Bolívia, a Nigéria, Bangka e Belitung (Indonésia), juntamente com Burma e a China; e, depois, paralela a essa linha, há outra menor, que tem sobre si a Espanha, Portugal, Inglaterra (Cornualha) e a Boêmia. Tudo isso está relacionado com o planeta Júpiter, cujas vibrações são refletidas no estanho, fazendo-o desenvolver-se na crosta terrestre. Em essência, essa mesma força vital, que é uma força primitiva, de crescimento natural, derivada de Júpiter, está por trás de praticamente todos os tipos de minerais e minérios. Afinal de contas, todos eles têm uma fonte primária em comum – o magma fundido, que contém as condições para o desenvolvimento do nosso planeta. Em várias circunstâncias naturais, essa força crescente abre vigorosamente o seu caminho em direção à superfície da Terra. Às vezes, ela está sob tal pressão de Saturno, que se derrama sobre a superfície na forma de escaldante lava líqüida.

Os minerais que nos são familiares foram, eventualmente, formados sob processos que envolvem pressão, temperaturas elevadas, condições atmosféricas e movimentos da crosta terrestre. Em princípio, o granito, a rocha ígnea que contém cassiterita, é a que é normalmente usada como minério de estanho. Esse granito também é chamado de cassiterita e é obtido de depósitos aluviais ou de depósitos de minério no quartzo. Amiúde, outros minerais importantes estão contidos no minério de estanho, tais como o enxofre, o arsênico, o cobre, o bismuto, o chumbo, o zinco e o volfrâmio. Por esse motivo, os métodos usados para extrair o estanho costumam ser complicados.

As riquezas de Tarshish

O poeta Homero (cerca de 850 a.C.) nascido e criado nas praias do "Grande Mar", menciona o estanho muitas vezes nas suas duas grandes obras místicas, a *Ilíada* e a *Odisséia*. Quando o troiano Agenor ataca Aquiles, Homero relata na *Ilíada*:

"Ele falou e arremessou seu dardo com mão poderosa; não em vão, pois o atingiu embaixo do joelho, no osso da perna, de modo que o estanho que recobria a nova, forte e brilhante couraça que lhe protegia a perna, ressoou com um estrondo aterrador; contudo, a arma de cobre saltou para trás e não varou a couraça, um presente dos deuses."

ESTANHO

Entre 1400 e 1600 d.C., minas abandonadas há longo tempo foram reabertas e grande parte do conhecimento sobre os metais foi redescoberto. O *Re Metallica*, de Agrícola (1556), foi o primeiro manual prático sobre mineração. Esta gravura, tirada dele, dá instruções para a lavagem do antiqüíssimo elemento estanho – o elemento de Júpiter – que nos proporciona um entusiasmo natural pela vida.

O uso do bronze e do estanho, mencionado no verso homérico, juntamente com Tróia (uma cidade com mil anos de idade, que foi destruída por volta de 1183 a.C.) compõem o símbolo de uma era que foi extinta com o surgimento de uma nova cultura helênica.

Até mesmo o famoso historiador grego Heródoto era contra a idéia de que o épico homérico devesse ser encarado como uma herança grega. Ernst Gideon, no seu livro *"Homer, Celtic Poet"* [Homero, poeta celta], revela que Tróia estava situada na Inglaterra (Britânia), e alguns nomes, mas acima de tudo a geografia de Homero, apontam para os labirintos circulares secretos, as paredes de Tróia, como tendo sua localização na área próxima de Cambridge e das colinas Gog-Magog. O próprio profeta Ezequiel falou sobre isso na Bíblia.

Homero relata sua história de forma metafórica, e o significado oculto é paralelo ao do *Fausto* de Goethe, por exemplo. Ao mesmo tempo, porém, ela revela como a cultura céltica (e Céltico é Atlântico) é a fonte de todas as culturas modernas. O estanho e o bronze são importantes aqui, como duas das mais importantes riquezas existentes no mundo.

Na Odisséia, depois da sua visita ao antigo santuário dos druidas celtas (que era dedicado à deusa Circe, cujo nome mudou gradualmente para Zierikzee, um lugar na Holanda), Ulisses atravessou em direção às praias mágicas de Cornualha. Ao longo desta costa estão os terrores de Cila e Caribdes: cavernas borbulhantes, estranhas correntes e altos rochedos. Contudo, a Cornualha é famosa principalmente por suas minas de estanho, com seus poderosos guindastes e roldanas que guincham – e tem sido assim desde a Idade do Bronze.

No decorrer da história, os tartessianos foram mencionados como guardas do segredo do estanho, o mesmo acontecendo mais tarde com os mercadores fenícios, que com grande dificuldade mantinham ligações comerciais com a terra do estanho. Os astutos fenícios contavam histórias cheias de mistério a respeito de estreitos com rochas aterradoras e de ondas violentas que tornavam impossível carregar os navios. Foram eles que capturaram as "riquezas de Tarshish", descritas por Ezequiel (XXVII:12) como uma cidade cuja fama corria o mundo. Pensa-se que Tarshish estava situada em algum lugar próximo da Sevilha dos dias atuais.

Quando falamos de Tarshish e de coisas semelhantes, estamos nos referindo aos anos por volta de 500 a.C. Ambos, tartessianos e fenícios, devem ter usado, como principal ponto de encontro, e porto de baldeação de um navio para outro, as Ilhas Scilly, que passaram à história como as ilhas secretas do estanho, a despeito do fato de que nem um só grão de estanho jamais tenha sido encontrado lá.

Navegantes destemidos, os habitantes originais deste velho e desolado arquipélago trouxeram seus próprios recursos minerais de estanho e chumbo para as Ilhas Scilly, em barcos revestidos de couro, para trocá-los por louça de barro, cobre e sal. Mais tarde, os romanos chamaram estas ilhas de Cassiterides Insulae, o que é uma referência clara à palavra celta que significa "ilhas remotas".

A história do estanho e do minério de estanho, ou cassiterita, estende-se ainda mais para trás no passado. Não há dúvida de que Cornualha foi um dos mais antigos lugares onde o estanho era minerado. Este metal, quando combinado com o cobre da Irlanda, formou alguns dos bronzes mais primitivos. De fato, esta combinação de minérios já devia ser conhecida por volta de 3000 a.C., na cidade de Ur, na foz do Eufrates, e também na Ásia Menor, no Cáucaso e no norte da Pérsia. A outra rota do estanho, da África Central para o Egito, já não pode mais ser traçada historicamente. Sabemos, todavia, que o estanho foi usado na China quase 4.000 anos a.C., para baixelas, pratos, moedas e implementos. Alquimistas chineses consideravam este metal como tendo sido criado pelo elemento feminino existente na criação, por causa das suas propriedades suaves. Portanto, sob influência masculina, ele poderia ser transformado em prata. Por certo, uma das premissas básicas dos alquimistas era considerar o estanho como um estágio de transição entre o chumbo e a prata.

Segundo Plínio (23-79 d.C.), os romanos, que viveram muito mais tarde, preferiram referir-se ao "chumbo branco" e ao "chumbo negro" como uma forma de distinguir entre o estanho e o chumbo. Essa raça, porém, estava muito mais interessada no ferro. Seu *Plumbum Album* foi rebatizado como "Staen" pelos celtas, sendo depois este nome latinizado como "Stannum", que hoje em dia ainda usamos. A conexão céltica ainda vive na nossa palavra para minério de estanho – cassiterita. Os antigos gregos chamavam o estanho de

Kassiteros, e supõe-se que tenham procurado por ele na ilha perdida da Atlântida. É possível que o nome dado ao minério de estanho tenha sido tirado do elamítico, onde *Kassiteros* significa "assim chamado em homenagem aos Kassi". Com o passar dos anos, *Kassiteros* veio a significar "o metal dos Kassi" – o metal dos que habitavam em ilhas distantes.

Na Idade Média, a palavra sânscrita *Kastira*, significando "estanho", apareceu subitamente, apontando mais uma vez para a comunidade cultural céltica, que persistia como herança da outrora unificada cultura global atlanteana, que encarava a água como a fonte de toda a vida. E assim, o "Metal Inglês", uma das principais matérias-primas do mundo antigo, viajou por todos os lugares, penetrando bem fundo no Oriente.

O Estanho na Idade Média

No ano 8 a.C. o romano Diodorus descreve como o estanho era arrancado do terreno rochoso, como era extraído da rocha pela fusão, como era purificado e derramado em fôrmas. Depois disso, as barras de estanho eram transferidas para uma ilha chamada Iktis. Isso era feito durante a maré baixa, quando a ilha podia ser alcançada por terra. Em seguida, mercadores navegantes apanhavam-nas no lado da ilha voltado para o mar, por ocasião da maré alta.

Diodorus, muito provavelmente, estava descrevendo a mineração de estanho em Cornualha, e é muito provável que Iktis seja o Monte Saint Michel, uma ilha de rocha, agora coroada com um castelo, pouco distante da costa.

Britânia, a velha ilha de estanho dos antigos, já tinha perdido sua importância quando os romanos deram seu primeiro passo dentro da era do ferro. Isto significou a perda de todo o conhecimento das várias técnicas metalúrgicas da Antigüidade, que sobreviveram entre os alquimistas como uma doutrina secreta do oculto.

Métodos práticos de minerar e tratar metais só entraram em uso novamente depois da era do obscurantismo, graças às pesquisas de Paracelso, de Biringuccio, de Leonardo da Vinci e de Agrícola, o velho perito em mineração. Entre 1400 e 1600, numerosas minas abandonadas na Europa foram postas em uso novamente e as antigas técnicas tiveram de ser redescobertas.

Originalmente, os europeus comiam em vasilhas de louça de barro ou de madeira (em cavados feitos em mesas de madeira ou em tigelas de madeira) mas os romanos introduziram o uso do estanho para pratos, vasos de beber e jarras. Para esse propósito, o estanho era combinado com chumbo para fazer peltre. No final da Idade Média, a liga de estanho e chumbo passou a ser usada em outros lugares, mas quase que exclusivamente em igrejas, para cálices, turíbulos, castiçais, bacias para água benta e símbolos para os peregrinos. Mais tarde, todavia, no início do século XV, passou a ter uma utilização doméstica geral: pratos, travessas, tigelas, bacias, jarros, colheres, lampeões, e assim por diante. Mais uma vez, o estanho se tornou popular.

Também eram feitas moedinhas de estanho porque as moedas de ouro e de prata eram por demais caras para o homem do povo. Nessa ocasião, surgiu tal necessidade de moedas de pequeno valor que a rainha Elizabeth I decretou, em 1558, que fossem cunhadas moedas de estanho para pequenos comerciantes e estalajadeiros. Em 1613, James I mandou cunhar em cobre moedas de um quarto de *penny* e Cromwell voltou a cunhar as moedas de estanho em 1654.

Pinturas da chamada Idade de Ouro da Holanda, tais como as que se encontram no Rijksmuseum, em Amsterdã, fizeram com que nos familiarizássemos com os pratos e as canecas de cerveja de peltre e as armações onde se penduravam as colheres de estanho, usadas em todos os lares naquele tempo. O estanho era útil porque os objetos quebrados ou usados, feitos com ele, podiam ser trocados por outros novos, uma vez que a brandura do metal permitia que ele fosse fundido com facilidade e novamente remodelado. O fato de as pessoas preferirem comer e beber em utensílios feitos com peltre não se devia somente ao seu preço barato e à sua resistência, pois quebravam menos que a louça de barro. Elas sabiam, ou suspeitavam, que o estanho e a prata são especialmente adequados para utensílios de mesa; ambos os metais dão à comida poderes que facilitam sua digestão e absorção. É um antigo costume dar uma colher de prata a uma criança recém-nascida. Antigamente, os filhos dos ricos ganhavam colheres de prata, enquanto as crianças nascidas em famílias mais modestas recebiam colheres de estanho. (A prata pertence à Lua, que controla a nutrição e o crescimento, enquanto o estanho pertence a Júpiter, que governa as curas, a assimilação e a regeneração.)

Os latoeiros tinham sua própria corporação que, originalmente, fora parte de outra muito maior. Em data bem antiga, 1284, já podiam ser encontrados em Dordrecht, e mais tarde tiveram corporações em Nuremberg (1285), em Londres (1348), em Hamburgo (1375), em Amsterdã e em Leiden (1651), e também em Gante. Essas corporações eram os sindicatos de "todos os que trabalhavam em metais, grandes e pequenos, incluindo ourives, latoeiros, ferreiros, cuteleiros, serralheiros, caldeireiros e os fabricantes de chaleiras, isto é, todos os que trabalhavam com o malho". Nessa época, o estanho estava sendo produzido na Europa inteira, e aqueles que fugiram para o Novo Mundo por motivos religiosos levaram consigo seus objetos de estanho e sua arte, de modo que Nova Iorque, Boston e Filadélfia logo tiveram uma florescente produção de objetos de estanho.

De fato, o estanho é bastante caro porque forma apenas uma pequena porcentagem do minério existente no mundo (0,2-2,00%). Por essa razão, as pessoas, freqüentemente, contentavam-se com chaleiras e peças semelhantes, feitas com cobre e recobertas com estanho; uma fina camada de estanho para cobrir um metal que nem sempre é seguro usar na cozinha (dependendo daquilo que está sendo cozinhado dentro dele). Na Europa, alguns ciganos (lamentavelmente, em muitos casos eles eram latoeiros ambulantes que haviam sido excluídos da corporação por práticas incorretas) viajavam pelos caminhos consertando velhas chaleiras, sendo que na Bretanha eles ainda são chamados de funileiros ambulantes. Com o século XIX chegou a revolução industrial, significando que já não havia mais qualquer necessidade de latoeiros, e esse ofício deixou de existir. Agora, por causa da sua beleza, o antigo peltre é colecionado como antigüidade. Ele costumava ser limpo com cavalinha, uma erva comumente conhecida como lixa vegetal, que é rica em ácido silícico e, conseqüentemente, é tão dura que tem o efeito de uma lixa.

Velhos cálices de peltre têm sido encontrados em sepulturas de sacerdotes, e pratos de estanho foram retirados de navios da Armada naufragados. Muitos utensílios de estanho, deixados em Nova Zembla, em 1597, por Van Heemskerk e Barendsz, foram encontrados intactos três séculos mais tarde e trazidos de volta para a Holanda. No dia 24 de abril de 1961, o navio sueco "de Wasa", que havia naufragado em 1628, foi resgatado e descobriu-se que os jarros de peltre encontrados a bordo ainda estavam em boas condições depois de 333 anos. Recentemente, objetos de cobre e de estanho têm sido desenterrados da lama negra que existe embaixo de certos edifícios de Londres. Depois de 1.800 anos, ainda brilhavam como novos; eles ficaram mais embaçados nos dois anos transcorridos após a sua escavação, quando ficaram expostos para o público.

A Natureza Musical do Estanho

O estanho é indispensável para certas finalidades; no campo da música, por exemplo. De fato, o planeta Júpiter é quem se encarrega, em primeiro lugar, de dar habilidade musical às pessoas e de desenvolver esse talento. O estanho contribui consideravelmente para a qualidade do som que certos instrumentos musicais produzem. Uma liga de estanho e chumbo é a mais indicada, especialmente para tubos de órgão, flautas (flajolés) e para os bocais de instrumentos de metal, que atualmente são feitos de estanho-níquel galvanizado. Címbalos, gongos e sinos de igreja também precisam de estanho. Címbalos, que conhecemos através da Bíblia, são feitos de bronze contendo 22% de estanho. Os sinos das igrejas medievais eram fundidos com quatro partes de cobre para uma de estanho. Durante séculos, isto tem sido habitual na China. Em Moscou, há um sino de igreja cujo peso chega a 128 toneladas. A fundição de sinos de igreja era encarada como uma grande arte e era um ofício que passava de pai para filho. É bom lembrar aqui A Canção do Sino [*Das Lied von der Glocke*], de Schiller.

O sino, pendurado na sua torre ou campanário, era usado para anunciar qualquer acontecimento importante na vida da comunidade. Era tocado quando havia um incêndio, uma invasão inimiga, uma tempestade ou uma inundação; acompanhava fatos familiares importantes, tais como um casamento ou um funeral.

O Estanho em Nossa Vida Cotidiana

Uma grande quantidade do estanho usado cotidianamente é empregada como solda, que é uma liga de estanho e vários outros metais, inclusive o chumbo. Nos dias de hoje, a maior aplicação isolada do estanho, chegando a uma quantidade de 40% de todo o estanho usado, é o revestimento do ferro com estanho para fazer os vasilhames de folha-de-flandres para a conservação de alimentos. Seu baixo ponto de fusão, sua facilidade para combinar com outros metais (estanho-zinco, estanho-cobre, estanho-níquel) e sua fusibilidade fazem com que seja extremamente adequado para uma variedade de aplicações. Ele não se oxida. Uma fina lâmina de aço pode ser coberta com uma camada de estanho muito fina, por galvanização ou por imersão em estanho derretido. Sozinho, o estanho é muito mole e é excessivamente caro, mas na forma de uma camada fina sobre o aço torna-se resistente e barato e impede que o aço fique enferrujado (lembre-se de que não se trata de aço inoxidável, que é uma liga de cromo, níquel e aço). Quando um depósito de provisões, deixado para trás por Scott, no Pólo Sul, foi recuperado 45 anos mais tarde, descobriu-se que fósforos guardados numa lata ainda acendiam e que os alimentos ainda podiam ser comidos.

A idéia de conservar alimentos em lata foi de um inglês, Peter Durand, como um aperfeiçoamento da conservação em vasilhames de vidro, que, por sua vez, foi ideada por um francês, Nicholas Appert, em 1795.

Além disso, o estanho é usado de inúmeras outras formas na indústria moderna: no tingimento e na fabricação do vidro; na indústria da seda; para fazer instrumentos de guerra; para fazer novos tipos de aço (por exemplo, misturando pó de estanho com pó de ferro); para canos e folhas de estanho; para tipos de impressão de metal; e para fazer bronze para uso na indústria pesada. O estanho mais puro é usado em reatores nucleares, na eletrônica e nas viagens espaciais; ele é 99,99995% puro. Também há compostos químicos com estanho, que são utilizados para combater doenças das plantas e para estabilizar a cor e o perfume, por exemplo, na fabricação de sabonetes.

A Natureza do Estanho em Relação a Pessoas, Plantas e Animais

Explorando a natureza essencial do estanho, descobrimos algumas relações extraordinárias. Durante umas férias em Solling, uma área relativamente deserta na Alemanha Ocidental, não distante de Detmold, descobrimos uma avenida de carvalhos imensos, ao lado de um campo de árvores reduzidas a tocos. Quando a Segunda Guerra Mundial já estava chegando ao fim, os canadenses tinham abatido uma floresta de carvalhos seculares. Dizia-se que ali havia um local pantanoso com uma fonte de onde brotava água contendo estanho. As pessoas do lugar vinham beber a água para tratar-se de doenças do fígado. Encontramos uma planta rara crescendo ali: a Estrela de Belém, *Trientalis europ.*, que tem uma pequena flor com sete pétalas brancas. É fato bem conhecido que ela só cresce em terra que contém estanho.

Desde a antigüidade o carvalho tem sido considerado a árvore sagrada de Júpiter; e Zeus não tinha seus santuários nas florestas de carvalho gregas – em Dodona, por exemplo? Evidentemente, estávamos pisando em solo sagrado de Júpiter, tirando fotografias do tronco morto de um carvalho de "mil anos de idade".

Júpiter é o grande curador, aquele que dá ao homem a sua capacidade de recuperação, que tem como sede o *fígado*. Esta glândula é um laboratório alquímico, onde uma substância é transformada em outra conforme se torna necessário. O fígado envia instruções relativas àquilo de que precisa para levar a cabo o seu trabalho, para um outro órgão que o serve: a *língua*. As coisas de que o laboratório necessita são gostosas para a língua e, conseqüentemente, encontram seu caminho dentro do corpo. O que é rejeitado pelo fígado torna-se desagradável para a língua e, se seguíssemos os nossos instintos, cuspiríamos a coisa fora. O fato de a língua estar tão estreitamente relacionada com o fígado é confirmado por seu enorme conteúdo de estanho: o músculo da língua é feito de 12-16mg de estanho por quilograma, e sua membrana mucosa de 18-26mg por quilograma, em comparação com o coração e os pulmões, que têm 1-2mg. Isso prova que a língua é um órgão de Júpiter.

Na boca, a língua trabalha em conjunção com os dentes, e tem um papel importante na fala e na mastigação. O esmalte dos dentes contém flúor. O estanho é responsável pela adaptação, pela assimilação, pela dissolução e por tudo o que se relaciona com flexibilidade; o flúor cuida de tudo o que é duro e, conseqüentemente, dos processos de solidificação e preservação. Juntos, estanho e flúor atingem um equilíbrio entre o mole e o duro.

Sob o nome de *Stannum* (ambos, "stannum" e "estanho" são derivados da palavra celta "ystaen" ou "sten") o estanho também é usado como remédio homeopático que fortalece e regenera. Se os avós de uma pessoa tiveram tuberculose e seus pais sofreram de asma ou enxaqueca, ela ainda poderá conservar uma aparência pálida, uma debilidade na voz e na garganta, um medo da dor e do frio, e poderá ter dores de cabeça e falta de ar. O *Stannum* deve ser dado para as pessoas desse tipo! Ele dará a elas um empurrão na direção certa.

Todas as vezes em que é necessária a mediação entre duro e mole, o *Stannum* assume o lugar a que tem direito, pois o terreno de Júpiter é esse: no cérebro, entre o tecido e o fluido (nos casos de hidrocefalia, por exemplo) ou entre as partes duras e macias das juntas.

Para *dores nas costas*: esfregue a área afetada com um pedaço de estanho.

Para *artrite*: deixe dez gramas de estanho dentro de um litro de água. Esfregue a junta afetada com essa água quatro vezes por dia, durante quatro dias.

Para *albuminúria*: deixe 350 gramas de estanho repousar num litro de água durante 12 horas. Use essa água para massagear a área da bexiga.

O estanho não gosta de desequilíbrio – ele resiste a um grande calor e a um frio extremo, mas se um dos dois se torna excessivo, ele se desintegra (praga do estanho). De fato, o estanho, com sua robusta estrutura cristalina, resiste a qualquer forma de manipulação forçada. Uma vez solidificado numa determinada forma, diante de qualquer tentativa de vergá-lo para mudar sua forma ele faz um ruído como se estivesse quebrando. Este é, por assim dizer, o protesto do estanho.

Júpiter torna as pessoas joviais e amigáveis para com todo o mundo. Do mesmo modo, o estanho está sempre ansioso para juntar-se com outros metais, a fim de formar ligas.

Se o fígado está doente, Stannum é o melhor remédio: em pequenas doses, se o fígado está excessivamente duro e seco, e em doses maiores, se está distendido por excesso de fluido.

O símbolo usado para representar Júpiter, na astrologia, indica o equilíbrio entre o macio e o duro – uma Lua crescente, sugerindo brandura, e uma cruz simples, representando a matéria sólida, dura. Júpiter é um planeta do crescimento, e o próprio crescimento deve basear-se num equilíbrio entre o que é brando e fácil de moldar e o que é rijo e capaz de manter sua forma.

Aqui seria necessário mencionar o topázio, a pedra preciosa que pode ser benéfica para a nossa aptidão permanente. O topázio pode ser encontrado em rochas que contêm fluorita e, freqüentemente, essas rochas também contêm veios de estanho. É muito provável encontrar estanho em rochas que contenham silício.

O estanho é o menos venenoso de todos os metais e por isso mesmo é benéfico para a saúde. Contudo, seja cuidadoso, pois em compostos químicos o estanho pode ser muito perigoso! Dê a seu filho um prato de estanho puro (não de peltre) em vez de um de plástico! As flores duram muito mais num jarro feito de estanho e a cerveja tem um sabor muito melhor quando bebida em canecas de estanho, melhor do que numa feita de vidro ou de qualquer outro tipo de louça. Vamos trazer o estanho de volta para os nossos lares e, uma vez aí, vamos tratá-lo com todo o respeito!

As Pessoas de Estanho

As pessoas de estanho são pessoas adoráveis – pelo menos é isso o que os outros dizem. Elas são criaturas sociáveis, sempre prontas para ajudar, são hospitaleiras e generosas e têm o senso de comunidade. Seus julgamentos são honestos. Suportam as coisas mas não se deixam dominar. Parecem conhecer todo mundo. São sempre cumprimentadas na rua justamente porque irradiam tal sentimento de benevolência. Uma palmadinha nos ombros, dada por elas, é encorajadora; e seu afetuoso aperto de mão inspira novas esperanças.

São educadores naturais e tendem a ser médicos, sacerdotes, assistentes sociais, professores ou, talvez, até mesmo editores de bons livros, livros que vale a pena ler. Como prefeitos, são um verdadeiro pai para a comunidade.

Têm uma moralidade que faz parte da sua estrutura e não é corrompida por ambientes desfavoráveis (da mesma forma que o estanho não oxida). Sua fé na bondade básica da raça humana tem um efeito inspirador sobre as outras pessoas, que não podem suportar a idéia de decepcioná-las.

Encontramos pessoas de estanho no mundo musical, no mundo dos esportes e nas igrejas. Elas têm um impulso natural de louvar a Deus e agradecer a Ele por tudo o que há de bom na Terra e, também, pelos prazeres do corpo.

Elas são um exemplo ativo, que encoraja a todos nós.

CHUMBO

A História do Chumbo e Seus Usos

O chumbo (Pb) é um metal extremamente denso, pesado e macio, mas não é flexível. É regido pelo planeta Saturno. (Uma solução de chumbo será facilmente embebida por um papel mata-borrão se tiver sido especialmente exposta aos raios emanados desse planeta, conforme foi demonstrado pelos testes feitos por Louise Kilosko, uma antroposofista suíça.) O chumbo puro, ocorrendo de forma natural, é extremamente raro. O minério de chumbo, a forma normal, é encontrado na América (que produz 53% da produção mundial), na Europa, na Austrália, na Ásia e na África. Encontramos minério de chumbo até mesmo na Holanda (em South Limburg) e na Bélgica, onde o velho centro de mineração de Morennet ainda é famoso como uma fonte de galenita e de esfalerita.

O mais importante minério de chumbo, o sulfureto de chumbo, que é conhecido como galenita ou alquifa, tem sido conhecido desde longo tempo, o mesmo acontecendo com o método de obter o metal pela fusão do minério. Ele é um mineral pesado e quebradiço, de cor cinza-prateada, que tem, com freqüência, um considerável conteúdo de prata (ele também contém cobre e zinco). Como a cerusita, a anglesita e outros minerais de chumbo, é encontrado em quantidades relativamente pequenas.

O chumbo é um dos mais antigos metais conhecidos, muito embora o cobre tenha sido conhecido muito tempo antes. Pelo menos 3.000 anos antes de Cristo o chumbo já devia ser conhecido porque os gregos e os etruscos obtinham prata tirando-a de minério de chumbo, e os faraós egípcios ordenaram que ele fosse usado em esmalte para louças e na manufatura de ornamentos. Os assírios usaram placas de chumbo para os pisos dos jardins suspensos da Babilônia e, mais ou menos na mesma época, os chineses cunharam moedas de chumbo que não se enferrujavam.

Os romanos usaram muito chumbo para seus longos aquedutos.

Der Buchdrücker.

Ich bin geschicket mit der preß
So ich aufftrag den Firniß reß/
So bald mein dienr den bengel zuckt/
So ist ein bogn papyrs gedruckt.
Da durch kombt manche Kunst an tag/
Die man leichtlich bekommen mag.
Vor zeiten hat man die bücher gschribn/
Zu Meintz die Kunst ward erstlich triebn.

CHUMBO

A invenção, por Gutenberg, da arte de imprimir (1450) baseou-se na idéia da produção em massa de "sabedoria para o povo" por meio de tipos móveis feitos de chumbo fundido. A gravura acima, feita por Jost Amman (1568) mostra essa indústria "pesada" em ação. O formato das letras góticas, iguais à escrita manual, foi conservado, mas essa relíquia do passado "bárbaro" estava destinada a ser completamente suplantada pelos tipos latinos, que vieram mais tarde.

Esse chumbo veio de minas existentes na Espanha, nas quais Tito tinha cerca de 50.000 escravos trabalhando para ele. Eles transformavam o chumbo em folhas grossas para cobrir banheiras, por exemplo. As folhas também eram enroladas ao redor de uma estaca para fazer encanamentos para a água. Nenhum metal é tão à prova-d'água quanto o chumbo. Encanamentos de 2.000 anos de idade, que foram encontrados em escavações em Roma e em Pompéia, ainda se encontravam em excelentes condições: a natureza de Saturno, que finalmente extingüiu a vitalidade da Roma antiga, estava concentrada em monumentos de chumbo. Os romanos também usavam chumbo para braçadeiras de barris, grampos para cabelo e fichas de ingresso para a arena.

Na Idade Média, o chumbo foi usado principalmente para a cobertura de telhados e para tanques de água. Também era usado para fazer estátuas, pois resistia à exposição ao tempo: os telhados e calhas de chumbo, tais como os que vemos na igreja de São Paulo, em Londres, durarão séculos.

Uma desvantagem dos encanamentos de chumbo é que eles congelam com facilidade e então estouram. A água congelada sempre se expande entre 4°C e 0°C. Se usarmos uma liga de chumbo com pouca coisa menos que 10% de telúrio, por exemplo, os canos só estourarão depois de congelar cerca de cinco vezes, em vez de três vezes, como acontece com o chumbo puro.

O chumbo é facil de ser trabalhado por causa do seu baixo ponto de fusão (327°C). Na Holanda, na véspera do Ano Novo, é um velho costume derreter chumbo em casa, o que é fácil de fazer, uma vez que o chumbo derreterá facilmente no calor da chama de uma vela. O chumbo derretido é derramado num copo grande e largo, cheio de água fria. Ele se solidificará em todos os tipos de formas que, então, serão usadas para ler o que o futuro reserva para o próximo ano novo. Durante muitos e muitos anos, as pessoas fizeram soldadinhos e outros brinquedos com esse metal, assim como bolinhas para balas de chumbo (chumbo com um teor de antimônio de 2 a 5%). O chumbo velho pode ser reutilizado.

Hoje em dia, o chumbo é muito usado na indústria de baterias e acumuladores, nas fábricas de armas e munições e na manufatura de tecidos, de materiais sintéticos e de pesticidas. Também é usado na fabricação de tinta e da substância antidetonante tetraetilo, que é adicionada ao petróleo. É por isso que a fumaça lançada pelo escapamento dos carros contém níveis de chumbo tão perigosamente elevados que as plantas existentes ao longo das vias por onde passam os carros ficam envenenadas e as pessoas que estão em cidades grandes ficam cada vez mais expostas ao câncer dos pulmões.

A verdadeira natureza Saturnina do chumbo torna-se evidente por seu uso no isolamento acústico em blocos de apartamentos. A energia do chumbo de Saturno também é usada para proteger cabos condutores e detectar vibrações nos alicerces de edifícios altos, que correm riscos por causa do tráfego pesado.

O chumbo também é um material isolante muito eficaz para salas de hospitais onde é usado o rádio, enquanto aventais de chumbo darão proteção para as pessoas que estão usando os raios X. O chumbo também é usado para proteger salas onde é gerada energia nuclear. A extrema densidade do chumbo torna-o impermeável à radiação.

Realmente, o chumbo é o estágio final na ruptura radioativa da matéria. Pode ser encontrado chumbo com um número excepcionalmente alto de isótopos radioativos e, com relação a isso, ele é similar ao urânio radioativo e aos minérios de tório. O decaimento e a decomposição consistem numa série de transformações da substância, que libera a energia aprisionada na matéria em forma de radiação. Este é um processo natural, que o homem imita quando usa a trituração para aumentar a potência de remédios homeopáticos, liberando energia da substância em questão.

A substância final, que já não pode sofrer outras mudanças, é o chumbo não-radioativo. Quanto mais velho é um minério radioativo, mais chumbo ele contém. O chumbo, portanto, está relacionado com a conclusão de um período, o fim de um ciclo de vida, com a velhice e a morte. Essa também é a natureza de Saturno, o Guardião do Portal que conduz ao Ouro, que é expresso através do metal chumbo.

A metáfora do Guardião é usada na ciência secreta da alquimia para indicar a importância do chumbo. O chumbo forma a última fase do processo metálico, o estágio final do desenvolvimento da matéria e um dos pré-requisitos para a transmutação naquele metal nobre, o ouro. A interpretação material do princípio oculto da transmutação baseia-se nesta transformação do básico em precioso. Portanto, o chumbo tem um papel vital a representar na história daquele ramo da alquimia que tem por objetivo transformar outros metais em ouro.

Pelo fato de ser tão macio, o chumbo deixa uma marca quando arrastado sobre uma superfície: daí, o lápis de chumbo. A palavra alemã para chumbo, *Blei*, também está relacionada com a palavra "azul". Isso provavelmente tem algo a ver com o fato de a superfície recém cortada do chumbo ter um brilho branco-azulado, que rapidamente arrefece, passando para um tom cinza-azulado. A cor azul-cinzenta é a camada de óxido que o chumbo usa para se resguardar contra qualquer corrosão posterior causada pela atmosfera.

O chumbo também pode ser um ingrediente do vidro, ou melhor, do cristal, que, quando cortado, cintila como um diamante, pois é altamente refringente.

Em conclusão, o chumbo tem estado conosco desde a invenção da imprensa. As primeiras letras foram feitas com madeira de faia, mas as letras das máquinas impressoras logo passaram a ser feitas com chumbo misturado a pequenas quantidades de estanho e antimônio. As condições de trabalho eram tão más que os tipógrafos primitivos acabavam com uma grande quantidade de chumbo no corpo pelo simples fato de manusear os tipos de impressão. Para combater o envenenamento pelo chumbo, eles tinham de beber grandes quantidades de leite, bebida que pertence à Lua e restaura a vida.

Os tipógrafos, tão influenciados pelo chumbo, eram pessoas absolutamente sérias, silenciosas, que desempenharam um papel de liderança no surgimento dos sindicatos e das ligas de trabalhadores. Eles eram contemplativos, confiáveis e solícitos. O direito do operário era, para eles, uma questão de consciência.

A Natureza e o Poder do Chumbo no Corpo e na Alma

O poder de Saturno, que está tão intimamente expresso no caráter do chumbo, é essencialmente um poder que fecha ou segrega. Isso se aplica a muitos processos, tais como a cobertura de telhados e, no caso do corpo humano, à pele e ao cabelo. Isso tem analogia com o aspecto plúmbeo ou saturnino da alma humana: a definição do ego, a auto-suficiência, o distanciamento por meio do autocontrole. No corpo humano, uma alma de chumbo produz a suspensão do desenvolvimento, um endurecimento e rigidez das mãos. Interfere na respiração e, se tem estado ativa desde o nascimento, tolhe o crescimento. Na realidade, chumbo em demasia destrói o cabelo e os dentes. Portanto, a perda de cabelo, que tem aumentado de um modo generalizado nas últimas décadas, pode ser explicada pelo envenenamento também generalizado que o chumbo causa com as emanações dos escapamentos. Todavia, a quantidade certa de chumbo dá ao corpo humano uma forma mais estável; dá um esqueleto vigoroso, dá resistência e durabilidade, o que significa que muitas pessoas saturninas vivem até uma idade muito avançada. O corpo delas funciona economicamente, sua temperatura é bastante baixa, seu temperamento é sério e elas se inclinam para um estilo de vida sóbrio, até mesmo ascético. Com firmeza, elas se agarrarão dogmaticamente aos seus pontos de vista!

O fator chumbo na alma humana está situado principalmente na cabeça, onde ajuda o pensamento abstrato, cujo propósito é separar e eliminar todos os conceitos e experiências supérfluas, deixando puras as idéias.

No nosso cosmo, o planeta Saturno é a fonte da grande reunião de forças; na nossa Terra, ele se manifesta como a força de gravidade que atrai todas as coisas em direção ao seu centro, engrossando e endurecendo, desse modo, a crosta terrestre. Igualmente, no reino vegetal, ele concentra toda a força vital na semente e engrossa e fortalece a raiz. A raiz de uma planta à análoga à cabeça humana, com seu crânio duro: ambos são o pólo de ingestão do organismo ao qual pertencem.

Onde a influência de Saturno e do chumbo é excessivamente forte, há um enrijecimento anormal, isto é, formação de pedras (na bexiga, nos rins ou na vesícula humana e, também, em várias partes do corpo dos animais); e há o endurecimento das artérias (arteriosclerose). As contrações envolvidas neste endurecimento levam a toda sorte de cãibras; o envenenamento pelo chumbo, por exemplo, provoca cólicas. Quando essas cãibras ocorrem na alma, sentimos medo. A angústia atormenta a alma na forma de preocupações e de arrependimentos. No reino animal, Saturno é representado pelos camundongos e por outros roedores. As contrações fazem com que a pessoa comece a suar frio à medida que a água em excesso vai sendo eliminada do corpo. O ressecamento do corpo é acompanhado pelo mesmo processo na alma. Quando os rins ou o fígado encolhem e as glândulas carecem de fluido, o apetite desaparece e a pessoa fica deprimida e indiferente. Ela enfrenta as circunstâncias da sua vida como se tivesse uma bola de chumbo acorrentada ao seu tornozelo, tendo a impressão de que seus sapatos estão cheios de chumbo. Ela não tem energia nem entusiasmo pela vida.

Embora o chumbo puro seja muito venenoso, numa forma extremamente diluída é empregado como remédio na homeopatia. O *Plumbum D10*, isto é, o chumbo triturado com lactose numa concentração de $1:10^{10}$, é dado em casos de constipação crônica e em outros casos de inibição extrema. O *Plumbum metallicum* é usado no tratamento da distrofia muscular progressiva, da esclerose múltipla, de casos avançados de tabes, da poliomielite, da ataxia locomotora, da depressão, do delírio, do medo de ser assassinado, etc.

Para abscessos, coloque 50 gramas de chumbo num litro de água por um período de duas horas; depois mergulhe um pano nessa água e, com ele, dê pancadinhas na área afetada. Faça isto duas vezes por dia, durante cinco dias.

O chumbo causa repulsa pelo álcool, porque ele luta para manter sob controle o pólo-pensamento das pessoas, ao passo que o álcool tenta fazer com que esse pólo seja subjugado pelo pólo-vida. Isso explica por que as novas garrafas de vinho têm não apenas uma rolha, mas também uma camada de folha de chumbo para lacrá-las.

Na velhice, as pessoas estão no seu período do chumbo. Ambos, corpo e mente, vão ficando endurecidos e inflexíveis; as pessoas tornam-se dogmáticas, obstinadas em suas opiniões, mas ao mesmo tempo são pilares da sociedade, defendendo a lei e a ordem, as convenções e a moral.

O Casamento do Chumbo e do Enxofre

Enquanto o chumbo pertence ao pólo-pensamento ou da consciência do homem, o enxofre pertence ao pólo-vida, pois acelera o metabolismo e desempenha um importante papel na reprodução. Um excesso de chumbo será corrigido pelo enxofre se, por exemplo, um paciente reumático tomar um banho sulfuroso. Esse banho benéfico é extremamente popular nas estâncias para tratamento de saúde da Europa Central.

A despeito de seu próprio efeito refrigerante, o chumbo gravita em direção ao calor! Quando aquecido, ele se expande extraordinariamente, e ao ser resfriado, contrai-se exatamente na mesma proporção. Isso nos faz lembrar aqueles tipos controlados, introvertidos, que se aquecerão ao comovente calor do amor, mas abandonarão tudo e desaparecerão completamente ao menor sinal de desapontamento.

Dentro da camada exterior da crosta terrestre, o chumbo combina-se com o enxofre para fazer a galenita. Nesse composto, o poder do enxofre foi dominado pelo chumbo e perdeu sua eficácia. Quanto mais nos aprofundamos, encontramos menos chumbo combinado com enxofre, e mais zinco (esfalerita de zinco). Portanto, trabalhando uma mina de chumbo, gradualmente a transformamos numa mina de zinco! Foi isso o que aconteceu em Broken Hill, na Austrália.

O chumbo é um mau condutor de calor; se seguramos uma vareta de chumbo sobre uma chama, até que a ponta em contato com o calor se derreta, ainda podemos segurar a outra ponta sem sentir qualquer incômodo. Ele devora o calor mas não o passa adiante, tal como as pessoas que têm chumbo na alma.

Além do enxofre, seu pólo oposto, o chumbo gosta de combinar com outro metal: a amigável prata. Com freqüência, o minério de chumbo e o minério de prata são encontrados no mesmo local. Astrologicamente falando, essa peculiaridade liga Saturno à Lua. Esses dois metais se equilibram mutuamente, como seco e úmido, escuro e claro, silencioso e cantante (um sino de chumbo não pode emitir som, um sino de prata emite um lindo som). Eles reagem à luz de maneira oposta; os sais de prata são excessivamente sensíveis à luz e a prata pode ser colorida pela luz – ela se entrega à luz. O chumbo, por outro lado, absorve a luz. Por efeito da luz, sais de chumbo podem adquirir uma cor definida, permanente – o chumbo vermelho à prova-d'água, por exemplo, que, como tinta à base de chumbo, cobre e veda muito bem. A permanência dada pela energia do chumbo é muito bem ilustrada pelo fato de os compostos de chumbo não poderem ser decompostos novamente. Na alma humana, essa mesma energia produz o cumprimento das promessas. Hoje em dia nós nos certificamos da confiabilidade do chumbo fazendo com ele vasilhames destinados a guardar ácidos perigosos e lixo radioativo. No passado, as pessoas usaram esta característica do chumbo para proteger e preservar seus bens terrenos – o corpo de pessoas amadas e tesouros preciosos eram entregues a um caixão revestido com chumbo.

O Chumbo no Reino Vegetal

O papel do chumbo pode ser visto claramente em certas famílias de plantas: as *Ranunculaceae*, as *Labiatae*, as *Scrophulariaceae* e as *Solanaceae*. O formato das flores é mais ou menos típico do chumbo e nos faz lembrar as pessoas de tipo introvertido; elas têm forma de sino, ou forma de lábios, e parecem olhar para nós de um modo reservado e desconfiado. As inúmeras ervas labiadas curativas, tais como a sálvia, o tomilho, a lavanda, o alecrim, a betônica, o hissopo, a manjerona e a segurelha demosntram os efeitos do chumbo ao fortalecer o ego, a mente e os nervos. Elas são usadas para dar autocontrole e cabeça lúcida à pessoa. Costumavam ser chamadas de *fugae daemonum*, caçadoras de demônios, porque afugentavam aquele estado mental sonhador e clarividente. Na família das Solanáceas, que inclui plantas tais como o tomate e a batata, assim como a beladona, o meimendro negro e o fumo, altamente venenosos, há uma tendência para a toxidez que está relacionada com o chumbo. Mesmo uma batata que foi exposta à luz e ficou verde não poderá ser comida porque se formou nela o veneno chamado solanina. Esse veneno também está contido nos frutos da planta da batata. O fumo concentra os pensamentos e embota a nossa percepção em relação ao ambiente que nos rodeia. Uma vez mais, o efeito de vedação do chumbo torna-se evidente!

O Chumbo Como Dever e Consciência

A vibração é mais ou menos contida pelo chumbo. Para ver isso, basta observar o intelectual e a pessoa que fuma muito, ou os alicerces de um edifício alto, que contêm chumbo para proteção contra a vibração provocada por pesados caminhões de carga. A energia saturnina do chumbo tem um efeito especial sobre o nervo ótico, que pode fazer com que um tipo melancólico se torne míope – ele está obcecado com as limitações e impossibilidades existentes na vida. Esmagado pelo peso das responsabilidades, suas energias são paralisadas e ele fica sem idéias. Seu senso de dever para com todos os compromissos da vida cotidiana faz com que ele se torne rígido e inflexível. Essa forma de "miopia" pode ser atenuada pelo poder revigorante de Urano, que, juntamente com um colírio que contenha zinco, contribui para a recuperação da nitidez da visão. (Veja o capítulo sobre o zinco.)

Assim que o planeta Saturno, o pai do chumbo, surge acima do horizonte, as vibrações produzidas por todos os outros corpos celestes são amortecidas. A mesma coisa acontece quando uma pessoa saturnina entra numa sala onde outras pessoas estão conversando e rindo: faz-se o silêncio, imediatamente.

Portanto, podemos ver o poder de Saturno no reino mineral, no chumbo, no reino vegetal e no reino animal, particularmente no corpo e na alma do homem. Nós, seres humanos, nunca poderemos ser suficientemente gratos por esse poder que fortalece nosso corpo e nossa alma para que ambos possam enfrentar as tempestades da vida. Se mantivermos o equilíbrio correto entre todas as forças ocultas dos vários metais existentes em nossa alma e em nosso corpo, a vida não se tornará um fardo pesado demais para nós e nuvens cinzentas não virão obscurecer nossa existência.

A força do chumbo também nos ajuda a controlar nossos sentimentos. Ela nos dá a quantidade certa de resistência a qualquer coisa que ameace o nosso equilíbrio, que possa levar-nos para o vício, que possa fazer com que nos entreguemos à bebida. Se esse equilíbrio, muito necessário, é perturbado, ficamos, por assim dizer, carentes de chumbo; ficamos desequilibrados.

Retiramos o minério, derretemos o metal que há nele, usamos esse metal para propósitos bons e maus, vivemos com ele e, finalmente, deixamos que ele se desintegre para que a Terra possa, novamente, tomá-lo de volta. De todos os metais, o chumbo é, provavelmente, o que tem características mais terrenas; ele tem o poder de condensar e dar substância. Isso nos atrai, nos proporciona vigor e estrutura e nos dá uma longa vida na Terra, só para nos deixar sumir no fim. Se, ao chegarmos nesse ponto, vamos poder olhar para trás e ver que tivemos uma vida equilibrada, isso é algo que depende inteiramente de nós.

As Pessoas de Chumbo

As pessoas de chumbo normalmente são resmungonas. Para elas, tudo parece ser a última gota-d'água. As tarefas mais ingratas são deixadas para elas. Os parentes só as visitam quando há um caso de morte ou uma herança, ou quando estão com pouco dinheiro e os negócios vão mal. Nessa hora, os parentes esperam que as pessoas de chumbo ofereçam conselhos. Em outras horas, os parentes acham que elas são demasiado insípidas e maçantes. Na verdade, elas sofrem de mil males e sempre há alguma coisa que não podem comer ou que lhes provoca uma reação alérgica. Sua moral é extremamente rígida: tudo é proibido, especialmente aos domingos. Elas ficarão olhando pela janela, com desprezo, os que saem para nadar ou para dançar. A vida delas é feita de deveres; o relógio e o calendário governam; tudo é decidido com meses de antecipação e é conscienciosamente cumprido. As pessoas do chumbo são firmes, fidedignas, incorruptíveis; ocupam posições de responsabilidade e mantêm-se à altura das suas responsabilidades.

As pessoas de chumbo são governadas pelo tempo. Elas olham para o passado e para quaisquer dívidas antigas que ainda tenham que pagar; olham para o futuro e procuram ver como poderão deixar seus negócios em perfeita ordem para seus herdeiros. Ao fazer assim, deixam de ver o presente, que foge sem que o percebam.

Como um pilar da sociedade existente (lembre-se do chumbo nos alicerces dos edifícios altos!) elas apóiam as formas convencionais de fazer as coisas, as tradições respeitáveis e, naturalmente, as convenções inúteis e os dogmas inibidores. Sozinhas em seus escritórios, escrevem manuais muito minuciosos e não reparam que os filhos estão crescendo.

Às vezes, o fardo da vida torna-se excessivamente pesado para elas, e elas mergulham em depressões e, constantemente, defrontam-se com cinzentas muralhas de dificuldades e impossibilidades. Contudo, elas nunca desistem. Depois de um fracasso, levantam-se e começam tudo de novo.

Elas são um modelo de autodisciplina. Um nome numa placa comemorativa pregada na casa onde nasceram. Um nome numa crônica.

ZINCO

A História e Uso Atual do Zinco

Quando nos encontramos com o zinco na nossa vida cotidiana? Muitos telhados são cobertos com zinco, pois ele oferece excelente proteção. Em todos os tipos de clima, um telhado de zinco durará, em média, 40 anos. Há uma estação ferroviária, perto de Gloucester, que tem um telhado de zinco que já tem um século de idade. Todos estamos familiarizados com a velha bacia de lavar roupa, feita de zinco, que podia ser vista pendurada no lado de fora da porta dos fundos. O zinco também é usado em baterias secas, em plaquetas de identificação, na forração de caixões e em inúmeras peças de automóveis, máquinas e aparelhos. O zinco está contido em muitos dos materiais brutos que usamos todos os dias.

Num sentido real, o zinco, que agora é conhecido como um dos frutos da alquimia, foi redescoberto no amanhecer da era de Aquário. Ele é um metal do planeta Urano e está sendo usado cada vez mais como proteção para revestimento de navios e de petroleiros, para equipamentos de refinarias de óleo e oleodutos, para fazer brinquedos, para construir barreiras protetoras contra colisões e para construir pórticos. A transferência de poder do chumbo para o zinco no campo dos meios de comunicação impressos foi, sem dúvida, influenciada por Urano. Hoje em dia, as placas de impressão feitas de zinco são responsáveis pela disseminação, em larga escala, da palavra e da figura impressas.

O zinco (Zn; ponto de fusão, 419°C) ocorre na crosta terrestre principalmente na forma de esfalerita, um composto de zinco e enxofre. Quase sempre ele ocorre em conjunção com chumbo e ferro, mas às vezes ele também aparece com outros metais, tais como cobre, prata, cádmio, estanho, mercúrio e arsênico. O zinco é um metal duro, brilhante, de cor branco-azulada, que se torna cinzento tão logo é exposto à atmosfera. O zinco é encontrado na Europa, na África, no Oriente Médio, na Ásia, na América, na Austrália e na Rússia; as maiores minas de zinco estão no Canadá, na Austrália e no Peru. Normalmente, ele é processado nos próprios países onde é minerado; mas o minério de zinco também é transportado para países que não têm suprimento nativo, e lá é processado. Por exemplo, nenhum minério de zinco ocorre naturalmente na Holanda; todavia, em Geuldal, em Limbug do Sul, encontramos a violeta-do-zinco (Viola Lutea), o agrião e o capim-do-prado – plantas que sugerem que há zinco no solo. Na verdade, ele é trazido para essa região pelo rio Geul, que corre através de regiões da Bélgica ricas em zinco.

Os antigos romanos misturavam calamina (um minério de zinco que não contém enxofre, cujo nome também se aplica ao silicato de zinco e à flor de zinco) com minério de cobre para obter bronze. Muito antes de o zinco ser conhecido como um metal independente, e muito tempo antes da descoberta do minério de zinco mais

ZINCO

Theophrastus Bombastus von Hohenheim (1493-1541) foi um brilhante sábio suíço e extremamente combativo que passou para a história com o nome de Paracelso. Seu lema era: "Não seja outra pessoa quando você pode ser você mesmo." Suas idéias devem ter sido influenciadas, em grande parte, pelo poder de Urano. Ele se dedicou, resolutamente e com grande amor pela humanidade, ao trabalho pioneiro nos campos da terapêutica, da astrologia, da alquimia e da metaloterapia.

importante – a blenda –, a calamina também era o ingrediente principal na fabricação do bronze. É certo que os babilônios fizeram ligas de cobre, de zinco e de estanho. Objetos de bronze, datando de 1400-100 a.C. e contendo uma elevada porcentagem de zinco, além de 10% de estanho, também foram encontrados na Palestina. Não faz muito tempo, um engenheiro alemão, escavando na velha cidade de Bagdá, desenterrou pilhas elétricas datando do tempo dos sassânidas, isto é, dez séculos antes de Volta! Isso lança uma luz sobre a história do zinco e sobre o que as pessoas sabiam a respeito dele, um conhecimento que, conforme aconteceu tão freqüentemente, se perdeu durante a Idade Negra.

A história também nos diz que os chineses mineravam zinco em 600 d.C., para fazer moedas e espelhos. Supõe-se que o metal tenha sido conhecido na Índia por volta de 1000 d.C., mas a produção só tomou forma no século XVII, quando o zinco puro já estava sendo exportado da China e de Sumatra para a Inglaterra, onde Bristol tornou-se o centro dos produtos de zinco. A natureza metálica do zinco, ou melhor, do minério de zinco chamado calamina intrigou os cientistas ocidentais durante muito tempo. Na Europa, os alquimistas fizeram dele o objeto de exaustivos estudos. Plínio chamou esse minério de "cadmia terra" e ele era usado para fazer um bronze amarelo, brilhante.

Desde os dias da Antigüidade, o zinco tem sido obtido por meio do aquecimento da matéria bruta; ainda hoje, uma parte considerável do suprimento mundial é obtida por esse método. Durante pelo menos oitenta anos, esse processo tem sido usado. O minério de enxofre e zinco é tratado na mina, e o minério concentrado é aquecido até uma temperatura de 1.300 a 1.400°C., em retortas horizontais, feitas de tijolo, usando antracita como combustível. O vapor de zinco é então condensado. Cada retorta produz, aproximadamente, 30 quilos de zinco por dia.

Desde 1920 também têm sido usadas retortas verticais, feitas de tijolos de carboneto de silício. Inicialmente, esse método exige gastos muito maiores, mas é muito menos trabalhoso, e cada retorta vertical produz de 8 a 9 toneladas do metal por dia.

Todavia, o processo mais importante é a eletrólise. O

concentrado é dissolvido em ácido sulfúrico e, em seguida, é purificado. Depois disso, o zinco é depositado, por eletrólise, sobre placas de alumínio que, em lapsos de 30 a 50 horas, são automaticamente despojadas desse zinco depositado por uma máquina dirigida por um computador. A seguir, o metal é derretido e moldado.

Em 1959, o zinco começou a ser obtido pelo chamado "Processo Imperial de Fusão", no qual zinco e chumbo são derretidos juntos. O vapor de zinco é absorvido pelo chumbo quente e, ao esfriar, flutua em cima do chumbo. Este último metal pode tornar a ser usado muitas vezes. Este processo é o mais eficiente (atualmente, é responsável por 15% da produção mundial), mas exige rigorosas medidas de segurança para os que trabalham nas fábricas.

O ferro ou o aço "galvanizados" são recobertos com zinco. O ferro é coberto com uma camada de zinco, por meio da galvanização, para ser protegido contra a ferrugem. É usado para latas de lixo, baldes, condutores aéreos para bondes elétricos etc., em caixilhos de metal para janelas e na fabricação de peças usadas embaixo da carroçaria de automóveis. Maçanetas de portas e outros pequenos objetos às vezes são protegidos com uma película de zinco aplicada com uma pistola de pintura. Na indústria naval, além da proteção catódica, há a chamada "tinta de barco" – uma tinta que contém zinco e alumínio. Falando de um modo geral, a limpeza da camada exterior é extremamente importante quando se está aplicando a tinta de zinco, uma vez que pequenas impurezas, tais como cádmio ou chumbo, fazem com que a camada se torne quebradiça depois de algum tempo. Uma porção mínima desses metais numa quantidade de 250 quilos de zinco puro é suficiente para provocar isso.

O Poder do Zinco no Corpo e na Alma

O zinco é, essencialmente, um protetor. Essa qualidade está refletida no seu uso medicinal: pomadas de zinco curam muitos ferimentos e doenças da pele e durante muitos anos têm aliviado erupções da pele! Hoje em dia, o zinco é uma proteção importante contra possíveis danos à nossa saúde pela exposição a uma quantidade excessiva de radioatividade. O próprio metal, como acontece na nossa comida, nos cereais, nas cenouras, no espinafre, nas batatas e nas ostras, contém certa quantidade de radioatividade.

O zinco ocorre naturalmente, em abundância, no corpo humano. Depois do ferro, ele é o metal que existe em maior quantidade no nosso corpo. O pâncreas é rico em zinco, e ele também desempenha um papel vital na decomposição química do açúcar. Na leucemia (câncer do sangue), cuja probabilidade é aumentada pela radiação que permanece na água e na atmosfera depois de testes atômicos, os leucócitos estão desprovidos de zinco. Os males mais comuns, decorrentes de andar com a cabeça descoberta na chuva radioativa, são: olhos pegajosos, ardentes e visão enfraquecida; insônia e cansaço geral; dores na parte de trás da cabeça; movimentos convulsivos e ranger de dentes durante o sono; palpitações súbitas à noite; dor nos ovários. Na homeopatia, esses sintomas apontam para a aplicação do zinco, como remédio, na forma de *Zincum oxydatum* D3 a D30. Um bom tranqüilizante é o *Zincum valerianicum* D3, que é zinco misturado com valeriana.

Do ponto de vista da saúde pública, a atenção dada ao zinco é excessivamente pequena. O uso de adubo artificial tem significado que as plantas, já fertilizadas, não procuram mais os microelementos necessários à sua substância, existentes no solo. Em conseqüência, quando são colhidas, estão desprovidas de zinco (e de outros microelementos). Além disso, há a perda de uma enorme quantidade de zinco durante a conservação das verduras e dos legumes. Os números falam por si mesmos: durante o processo de enlatamento, o espinafre perde 40% do zinco que ainda contém; o feijão perde 60%; os tomates, 83%. O pão branco contém uma quantidade de zinco 77% menor que o pão integral. Esse tipo de alimento tem pouco valor para o nosso corpo, e a falta de zinco contribui para as chamadas doenças da civilização.

As conseqüências da deficiência de zinco foram descobertas primeiramente no gado. Vacas que tinham grande dificuldade para dar cria ficaram novamente saudáveis quando uma pequena quantidade de um composto contendo microelementos foi colocada nas pastagens;

ou até mesmo quando uma dose de sulfato de zinco foi adicionada ao seu alimento.

Algumas das doenças da civilização têm como causa direta a deficiência de zinco, especialmente as doenças da *próstata*, em homens de mais de quarenta anos. Em alguns casos, ela aumenta de tamanho e interfere na micção; em outros ela adquire uma inflamação crônica e, nos casos piores, é afetada pelo câncer. Um certo dr. Bush, dos Estados Unidos, obteve grande sucesso quando tratou esses males com sulfato de zinco (*Zincum sulphuricum ϕ*) – 50 a 150 mg por dia, durante vários meses. A próstata é o centro do zinco no corpo do homem. Nela é fabricado o esperma do homem. As células seminais contêm uma elevada carga elétrica quando estão prontas para fertilizar o óvulo feminino. E sabemos o quanto o zinco é importante para a indução da corrente elétrica!

A pilha seca é feita de zinco e, caracteristicamente, de dióxido de manganês. Cada metal tem a sua própria tensão elétrica. Quanto maior este potencial elétrico, mais precioso é o metal. Faraday descobriu que o ferro em contato com o zinco não enferruja. O zinco, menos precioso do que o ferro, sacrifica-se dando sua energia elétrica para o ferro e deixando-se consumir pela corrosão. É por isso que blocos de zinco, chamados ânodos, são fixados sobre as superfícies de ferro de grandes navios.

Nos seres humanos masculinos, essa energia elétrica passa da próstata para as células seminais!

Além disso, pelo menos trinta enzimas dependem, para sua secreção, do fato de haver zinco suficiente no corpo. O zinco também é necessário para a construção de proteínas e do núcleo das células. Em vez de tomar sulfato de zinco ou gluconato de zinco, que são populares na América, sempre podemos usar um pedaço de zinco junto à nossa pele.

Todas as inquietações do corpo e da alma, causadas por uma carga de eletricidade excessivamente alta, podem ser acalmadas pelo zinco. Isso foi descoberto observando-se que soldados que haviam sofrido de *asma* quando estavam em suas casas viram-se livres dela na frente de batalha. Essa melhora foi produzida pela placa de identificação, feita de zinco, que eles usavam contra o peito, justamente perto da traquéia. O óxido de zinco é absorvido continuamente através dos poros da pele.

Em vez de usar um pedaço de zinco, a pessoa pode tomar *Zincum oxydatum* D12, ou então pode usar uma pedra de carbonato de zinco ou uma pedra de calamina, especialmente para o tipo de asma que piora com a menor movimentação. A respiração difícil e o cansaço extremo são devidos à baixa reserva de álcali no sangue, que piora pelo fato de o organismo acidificado já não poder purificar-se por causa da respiração debilitada. Soldados americanos que chegaram a Hiroshima, no Japão, logo depois da bomba atômica, foram imediatamente atacados de asma por causa da radiação existente na atmosfera.

A asma freqüentemente anda de mãos dadas com a febre-do-feno, cãibras intestinais e eczema. Se vedamos a pele com uma camada de ungüento de zinco, ela é impedida de expelir o veneno, que então poderá atacar até mesmo o cérebro. Ocasionalmente, o envenenamento pelo zinco é causado também pela amálgama usada na obturação de dentes. Então, correntes elétricas fazem com que a dor passe de um dente para outro.

O zinco é encontrado nas secreções internas de glândulas, especialmente na pituitária. Se o corpo contém um excesso desse metal, o zinco fica desorganizado, a pituitária altera-se e isso afeta toda a cadeia de glândulas endócrinas e todas as funções relacionadas com os hormônios que elas produzem. Isso pode causar perda de cabelo, açúcar na urina e agitação motora, que poderá assumir a forma de Dança de São Guido (coréia).

A inquietação motora aponta para a necessidade de a pessoa se livrar da sua eletricidade proveniente do zinco. As pessoas afetadas por esse excesso de eletricidade têm uma tendência para esfregar os pés, o que pode, normalmente, ser visto pelo tapete que fica diante da poltrona onde elas gostam de sentar. Muitas vezes estas pessoas são afetadas psiquicamente. Elas tornam-se rancorosas e malvadas; mas pouco podem fazer a respeito. Agnes Günther descreveu isso muito bem no seu livro *Die Heilige und ihr Narr* [A Santa e seu Bufão]. Esses pacientes muitas vezes procuram alívio na tagarelice incessante.

No mundo animal, o zinco é encontrado em abundância na

peçonha de serpentes venenosas, por exemplo, serpente Lachesis, a cascavel da América do Sul. A região amazônica é altamente radioativa e dizem que isso foi provocado, em tempos pré-históricos, por uma guerra atômica entre a Atlântida e a Lemúria, tendo sido ambas destruídas no processo. A radioatividade deve ter feito com que se tornassem venenosas todas as plantas e animais que anteriormente não eram assim. As vorazes piranhas encontradas no rio Amazonas e nos seus afluentes provavelmente outrora devem ter sido mansos peixinhos vegetarianos. E o pássaro-aranha, que pode matar um ser humano com uma das suas bicadas, provavelmente deve ter sido uma coisinha querida, até que a Terra, a atmosfera e a água fossem poluídas pela radiação.

O veneno da serpente *Lachesis* é muito usado na homeopatia, notadamente no tratamento de tipos modernos de gripe e de pessoas que falam sem cessar – pessoas que vivem "matraqueando". Depois de tomar esse remédio numa concentração elevada, elas se calam; uma dose alta, D200, por exemplo, age como um estímulo para a descarga de excessos de uma substância, neste caso, o zinco. Isso faz com que o potencial elétrico do sistema nervoso decline, e as sensações de pânico associadas a ele também desapareçam.

Um excesso de eletricidade também pode ser retirado e conduzido para a água e para a terra mergulhando-se os pés na água ou lavando-se as mãos.

Os materiais de isolamento feitos pelo homem, para recobrir os pisos nos edifícios modernos, contribuem para o excesso de eletricidade. Aposentados idosos, que não têm nenhuma ocupação e ficam andando de lá para cá sobre seus pisos de ladrilhos plásticos, tornam-se dependentes de tranqüilizantes para acalmar os nervos.

O movimento não é o único método usado pelo corpo para se livrar desse excesso venenoso de zinco – de eletricidade – muitos tipos de funções excretoras também fazem isto. Criancinhas, forçadas a ficar de pé, freqüentemente molharão as fraldas. Menstruações demasiado abundantes, suores, masturbação e perda de urina ao tossir ou ao subir e descer escadas são tentativas de auto-ajuda feitas pelo corpo.

O zinco sempre é encontrado onde há células em crescimento,

inclusive em tumores malignos. Uma dose elevada de *Zincum* pode pôr um ponto final nisso.

Operários que trabalham em fundições e sofrem de envenenamento pelo zinco sentem dor na raiz do nariz; essa dor está relacionada com o corpo pituitário. Essa glândula é o centro de defesa do corpo contra influências perniciosas e, se necessário, pode mobilizar as glândulas supra-renais e o fígado (órgão de desintoxicação). Quando a glândula pituitária está sobrecarregada de trabalho, isso afeta adversamente suas muitas funções. Entre outras coisas, ela é responsável pela nossa capacidade de comunicação com os nossos semelhantes, os seres humanos. Pense na maneira como as crianças pequenas chupam o polegar quando estão numa sala cheia de estranhos – isso é instintivo, pois a ação de chupar massageia o céu da boca para estimular a glândula pituitária, levando-a a produzir mais hormônios.

A deficiência, cada vez maior, da capacidade de contato humano do homem ocidental moderno muito provavelmente está relacionada com a degeneração da glândula pituitária extenuada, que se encontra atrás da raiz do nariz. Isso é também responsável pela incapacidade de os ossos longos, tais como os encontrados na coxa, diminuírem seu crescimento longitudinal, resultando na juventude de pernas compridas da época atual.

A fim de nos protegermos dos danos causados pelas imprevisíveis conseqüências de experiências, devemos entender o papel vital que o zinco desempenha na eletricidade e na radioatividade existentes no organismo humano.

Na parte referente ao chumbo, falei do poder do planeta Saturno, simbolizado pela serpente na árvore do conhecimento, que é a ilusão do tempo e da permanência (Cronos). Como esse poder agora foi superado por Urano, a totalidade da cultura ocidental pode ser inventariada, congelada, e depositada na tumba dos séculos. Saturno e o poder do seu chumbo estão quase acabados para nós. As crenças e a ciência estão num beco sem saída de abstrações; de dogmas que excluem toda a vida emocional; de pensamentos mecanizados; de computadores. Haverá uma transição do reino do chumbo, da inevitabilidade, da moralidade, da convenção e do dever saturninos – que finalmente acabou produzindo a morte, a mumificação da verdade viva – para um outro reino cheio de impulsos elétricos, intuitivos, trazido pelo planeta Urano. A convenção do chumbo cederá lugar à espontaneidade, e o poder da imprensa, que depende do chumbo, será substituído pelo movimento da imagem da TV, que depende da eletricidade. As pessoas anseiam pelo carro elétrico, que deixará o ar limpo. Elas estão democratizando suas existências. Por um lado, perda – por outro, ganho: o resultado dependerá do valor que dermos às coisas.

Zinco, o metal do planeta Urano, o colega do urânio, levou-nos ao descobrimento da eletricidade e da energia atômica, e agora controla o nosso potencial de vida.

As Pessoas de Zinco

As pessoas de zinco são originais, cheias de inspiração e idéias próprias. Isso também significa que são inquietas e imprevisíveis. São idealistas ardentes, inspiradas pelo sonho de uma Utopia, por ideais e idéias que sempre procurarão agarrar, aconteça o que acontecer. Seu elevado potencial elétrico significa que elas vivem mais intensamente e vivem suas experiências com mais força do que as outras pessoas. Estão sempre encontrando pessoas extraordinárias, de um modo inesperado, e contam casos que deixam seus ouvintes sem fala. Elas podem penetrar na alma dos seus semelhantes – em qualquer coisa que possam encontrar no seu caminho – sempre expondo a essência daquilo que descobrem. São grandes reveladoras da verdade, deixando o público boquiaberto, incapaz de acreditar. Elas nunca se ligam a ninguém e viajam sozinhas pelo mundo durante a vida inteira. Estão sempre em movimento e precisam estar falando e fazendo alguma coisa.

Tão logo elas se veêm rodeadas por pólos opostos, que retiram sua energia extra, elas se tornam grandes mestres, cuja poderosa influência protege os mais fracos. Podem curar os feridos e saciar os famintos. Ao fazer isso, estão agindo como condutores para a corrente elétrica vinda do espírito criativo que liga o céu e a terra.

Se se encontram com um círculo de pessoas aprisionadas pelas convicções, elas romperão esse círculo e deixarão para trás os pedaços espalhados. Se se encontram na companhia de pessoas jovens, que estão procurando um líder, elas podem ser uma força inspiradora. Sozinhas, elas não são realmente nada – são apenas condutores de força – mas *podem* ser profetas ardentes ou mestres inspiradores da paz.

TUNGSTÊNIO

Propriedades e Usos do Tungstênio

O tungstênio (W) se destaca de todos os outros metais por ter o mais elevado ponto de fusão: 3.410°C. Também tem uma densidade muito elevada e é duas vezes e meia mais "pesado" que o ferro. Essas duas propriedades sugerem que esse metal pode cuidar de si mesmo e defender seus direitos quando com outros metais – de fato, o tungstênio é extremamente resistente às influências ambientais.

Na Idade Média, quando as pessoas eram mais sensíveis à natureza essencial das coisas, inclusive às essências dos minerais, os montanheses que cavavam em busca de minérios davam nomes apropriados aos minérios com os quais estavam familiarizados. Assim, deram o nome de volfrâmio por causa da avidez deste minério, que fazia lembrar um lobo, com a boca cheia de saliva, encarando a presa. *Wolfram* [volfrâmio] significa *wolf-foam* (isto é, saliva de lobo) em germânico antigo. No alemão moderno, "Rahm" significa a nata que se separa do leite. Mineiros de estanho ingleses encontraram volframita no seu minério de estanho e a acusaram de "comer" o estanho durante o processo de fusão. Em 1574, encontramos o nome "*wolferam*" na obra de Lazarus Ercker, mas esse metal já era conhecido muito tempo

TUNGSTÊNIO (VOLFRÂMIO)
Uma velha moeda romana representando a lenda da fundação de Roma, com a loba amamentando Rômulo e Remo na caverna.

antes disso e sempre com um nome que apontava a natureza lupina do minério: *wolfert*, *wolfrig*, *wolfish*, *wolframit*, *wolframicum*, etc.

Na Suécia, o termo geral "tungstênio" veio a ser usado para o volfrâmio. Ele sifnifica "pedra pesada" e foi chamado assim por A.F. Cronstedt, em 1758. Naqueles dias, as pessoas tinham apenas uma vaga idéia a respeito da composição dos minerais de volfrâmio e consideravam os minérios volframita e scheelita como sendo um tipo de minério de estanho (cassiterita). Em 1781, todavia, o químico sueco Carl Scheele descobriu a verdadeira composição do minério de wolfrâmio, e descreveu um novo elemento combinado com cálcio e com um certo ácido. Contudo, um metal que Scheele não pôde isolar formava a base desse ácido. O mineral com o qual Scheele estava fazendo experiências – cálcio não-magnético ou volframato – mais tarde foi chamado de scheelita em homenagem a ele.

Em 1783, dois anos depois da descoberta de Scheele, os irmãos espanhóis Elhuyar conseguiram ser os primeiros a fazer aço volframita aquecendo o ácido volfrâmico (túngstico) com carvão de pedra. Eles deram o nome de volfrâmio ao metal granulado resultante desse processo. Na Inglaterra, porém, costumamos chamar esse metal de tungstênio, embora volfrâmio permaneça como um nome alternativo.

A pesquisa bem-sucedida dos irmãos Elhuyar também mostrou que no minério volframita o metal volfrâmio ocorre em conjunção com ferro e manganês, ao passo que a scheelita tem a mesma gênese que a cassiterita. É por isso que, diferentemente da sheelita, a volframita é magnética. A diferença na composição entre os dois minérios de volfrâmio é usada nos métodos modernos de separação e processamento dos minérios de volfrâmio e de estanho.

Bem cedo, em 1786, a extrema dureza do tungstênio levou a experiências destinadas à criação de um aço extraduro, feito com uma liga contendo tungstênio e manganês. Na Feira Mundial de Paris, em 1900, a Bethlehem Steel Company foi a primeira a apresentar aço para fabricação de ferramentas cuja liga continha tungstênio. Eles tinham fabricado um cortador de metal que ficou cortando aço incandescente, sem parar, durante horas a fio, muito embora ele próprio tivesse começado a esbrasear, numa velocidade de 50 metros por minuto, em vez dos usuais 10 metros por minuto. Esse cortador era feito de aço, volfrâmio e cromo.

À medida que a produção na indústria de máquinas foi sendo acelerada, esse processo sofreu novos desenvolvimentos. Finalmente, fez-se uma combinação de ferro com carbono, tungstênio, cromo, vanádio e cobalto. Também foi usada uma liga alternativa, de carboneto, tungstênio e 10% de cobalto.

O aço produzido podia ficar ainda mais duro se pó de tungstênio fosse aquecido juntamente com carbono a uma temperatura de 1.500°C. Isso produzia carboneto de tungstênio, que então era misturado com 25% de cobalto, comprimido em blocos e aquecido em hidrogênio até uma temperatura de 1.000°C. Esses blocos eram triturados, colocados segundo a forma requerida e então reaquecidos, desta vez a uma temperatura de 1.000°C. O produto final é mais duro do que o mais duro aço. Pode ser usado, por exemplo, na confecção de brocas destinadas a fazer buracos em vidro. Na preparação de quaisquer metais realmente duros, começa-se com carboneto de tungstênio (o produto mais importante do tungstênio), e adiciona-se a ele carboneto de titânio ou carboneto de tântalo.

A despeito de sua composição e dureza, há certas variedades de aço que estão incluídas na classificação "dureza de primeira ordem": o aço usinado e o aço rápido.

Na indústria eletrônica, o tungstênio é usado para eletrodos e, como todo mundo sabe, para filamentos de lâmpadas. Depois de muitos testes e de muitos problemas, Coolidge, da General Electric Corporation, conseguiu pela primeira vez, em 1909, produzir arame de tungstênio, muito fino. Agora, pode-se encontrá-lo com um diâmetro de 0,0004 polegada.

Por causa de sua extrema dureza, o tungstênio é, e isso é muito natural, um metal altamente apropriado para a indústria de defesa, especialmente para a fabricação de projéteis que podem penetrar a blindagem mais dura. Infelizmente, isso resultou na mineração cada vez mais intensiva do tungstênio. Na Segunda Guerra Mundial, os alemães blindaram seus tanques com ele – as famosas forças blindadas alemãs, que no princípio não puderam ser vencidas pelo aço que vinha da Inglaterra e de outros países. Gradualmente, houve uma escalada do número de armas contendo volfrâmio.

Além disso, o tungstênio é usado no vidro óptico, em ligas anticorrosivas, em brocas para perfuração de rochas, na fabricação de tintas de impressão e de corantes e na indústria de pigmentos e de cerâmica. A indústria de metais duros, a indústria do aço, a indústria eletrotécnica, a indústria química e a indústria farmacêutica, todas elas usam produtos de tungstênio. Agora o volfrâmio também é usado na indústria espacial.

Ele é obtido de quatro minérios diferentes: volframita, ferberita (que contém grande quantidade de ferro), huebnerita (com manganês) e scheelita (com cálcio). Normalmente, a wolframita é usada para fazer pó de tungstênio. A scheelita é usada na fabricação do ferro-tungstênio. A China é o país mais rico nesses minérios, mas eles também são encontrados na U.R.S.S., nos Estados Unidos, na Coréia, na Bolívia, no Canadá, na Austrália, em Portugal e no Brasil. Eles são minerados em pequenas quantidades em Burma, na Tailândia, no Quênia, em Ruanda, na Espanha, no México, na Turquia, na Argentina, no Japão e na Áustria.

O ácido túngstico tem a fórmula química WO_3.

A Natureza do Tungstênio

Cada metal existente no nosso planeta tem sua própria essência, natureza e padrão. Segundo a astrologia, cada um corresponde exatamente à natureza essencial de um determinado planeta do nosso universo. As vibrações vindas desse planeta são atraídas e refletidas pelo metal relacionado com ele. O uso do metal pelo homem também tende a acompanhar as linhas da própria natureza do planeta, conforme é refletida pelo caráter humano. Veja a natureza do planeta Marte, o deus da guerra, que aparece com sua luz vermelha em nosso céu; disposto para o trabalho, disposto para a guerra. O Ferro é o seu modo de expressão no reino mineral. O que o homem faz com o ferro? Ferramentas e armas. Qual é o tipo das pessoas que fazem isso? É o tipo marcial, naturalmente.

Portanto, qual é a natureza essencial do tungstênio? Sua dureza, sua resistência, sua relutância em se deixar fundir – seu desejo irresistível de ser ele mesmo e de permanecer assim. Isso faz pensar no planeta *Urano*, que dá essas mesmas qualidades às personalidades humanas. Urano foi redescoberto, no céu, no final do século XVIII, na mesma ocasião em que a Revolução Francesa estava em erupção e Scheele e Bergman, na Suécia, tiveram a idéia de que a scheelita continha um novo metal. Ora, um planeta é descoberto no céu (onde ele existia há milhões de anos) quando a raça humana alcançou, na sua evolução, aquele ponto onde ela começa a reagir às vibrações desse planeta. Estamos, portanto, falando a respeito do amanhecer da era em que o lado uraniano do homem estava começando a despertar e a se revelar. O primeiro pensamento que Urano põe na alma do homem é o pensamento de liberdade – de libertação da escravidão! Todos devem ser iguais – direitos iguais! Tudo deve ser feito espontaneamente: bons camaradas não podem ser obrigados a trabalhar juntos. Desse modo, Urano manifestou-se no lema da Revolução Francesa: Liberdade, Igualdade, Fraternidade!

A despeito da camaradagem, Urano também tem um lado duro; sem comparação, sem autocompaixão. Todos devem cuidar de si mesmos. Quem não estiver preparado para fazer isso não pode esperar ajuda de ninguém! O ideal é uma comunidade de indivíduos livres, rigorosos consigo mesmos e que desprezam as almas submissas; que não se deixarão comover por choros e lamentações – de fato, acontecerá exatamente o oposto.

Depois da Revolução Francesa, muitos movimentos uranianos se colocaram em evidência durante algum tempo e depois declinaram, continuando a existir subterraneamente, para reaparecer depois de um curto espaço de tempo sob uma nova forma, porém ainda reconhecível. O Nacional Socialismo dos nazistas também tinha um forte elemento uraniano. Ele foi intuitivamente experimentado como uma verdade, por seus seguidores, e colocado em prática com paixão ardente. Entre si, os seus seguidores chamavam-se de companheiros, enquanto os tipos gentis, condescendentes, que ficaram fora do movimento, eram desprezados e destruídos. Urano torna as pessoas duras. Que palavras podiam ser vistas nas paredes da sala, no local que costumava ser chamado Euterpestraat, em Amsterdã, onde os alemães interrogavam os civis que haviam prendido? *Nur Nickt Weich Werden* [Não seja brando com eles], para lembrar aos rapazes da Alemanha que deviam ser impiedosamente duros, como o aço.

O lobo é um símbolo apropriado para o tungstênio. Um dos emblemas favoritos dos Nacionais Socialistas alemães era uma armadilha para lobos.

A base do senso uraniano de independência é seguir sempre a nossa própria intuição, a nossa voz interior e ignorar as influências que nos cercam.

Desde 1963, o Sol já está no signo de Aquário, signo do planeta Urano no equinócio vernal. Desde então, a vida tem-se tornado cada vez mais dura, mais uraniana. Agora já não é uma exceção ser Uraniano. Já não temos grupos esporádicos, que aparecem em cena subitamente e depois desaparecem tão rapidamente como vieram. Não, Urano tem o mundo em seu poder e isso coloca todos nós, os governos, o público e os cientistas, em condição de poder compreender todo o mal que fizemos usando métodos antinaturais, que estão em conflito com os ritmos da natureza. Urano, que governa todos os ritmos, quer que cooperemos com a natureza. É por essa razão que os tipos uranianos usarão métodos de cura naturais, usarão métodos educativos naturais e sempre comerão alimenos naturais.

E, assim, podemos ver um desenvolvimento no sentido de uma vida natural, muito embora dura, na fazenda, com a bomba d'água, o fogão a lenha, as galinhas e as cabras do terreiro. Na vida econômica, as pessoas estão ficando cada vez mais práticas: fregueses que se queixam tomam tempo demais e, mesmo que tenham sido fregueses habituais durante vinte e cinco anos, sua perda não representa grande coisa. A música é estrondosa – as cores também. O estilo dos escritores modernos é duramente agressivo. Verdades novas estão batendo repetidamente contra as defesas psíquicas da geração mais velha – conta os padrões de pensamento estabelecidos.

No mundo tecnológico, centelhas de intuição estão agindo no cérebro dos peritos, produzindo invenções numa velocidade espantosa. Tudo isso começou com Edison: quando ficava sentado no seu estúdio, ignorando as batidas na porta, as pessoas diriam: "Silêncio! O grande homem está dormindo!" Todavia, uma hora depois, ele apareceria, tendo feito cinqüenta descobertas nesse meio tempo. Uma das invenções mais importantes foi a lâmpada elétrica com um filamento de tungstênio. Isto significou que a substância apropriada para muitas invenções havia encontrado o seu caminho na consciência das pessoas. Um presente de Urano.

Naturalmente, Urano sempre teve alguma espécie de influência sobre a Terra, e certos tipos de pessoas, e também substâncias, sempre têm reagido às suas vibrações – os homossexuais, por exemplo, que sempre estiveram mais interessados em igualdade do que em popularidade. Entre os minerais, desde longo tempo, o zinco tem respondido ao chamado de Urano. Mas já se passaram 25.920 anos desde a última era de Urano, tendo sido essa a última vez que o Sol esteve em Aquário por ocasião do equinócio vernal. De acordo com a lenda, o povo da Atlântida, que viveu nessa época, tinha desenvolvido a mesma tecnologia que nós agora estamos a caminho de descobrir. Ele também tinha bombas atômicas.

Aceitemos isso ou não, parece que os elementos reunidos sob o signo de Urano, inclusive o urânio e o tungstênio, irão desempenhar sempre, num futuro próximo, um papel cada vez maior no desenvolvimento da tecnologia moderna, uraniana.

É evidente que o tungstênio pertence às forças desagregadoras que existem no universo, assim como o ferro de Marte. Talvez este metal não pertença somente a Urano, mas sim ao poderoso trio demolidor formado por Marte, Urano e Plutão. Marte destrói por amor à destruição. Urano faz isso para reconstruir com os pedaços que sobraram e Plutão destrói para deixar as coisas de cabeça para baixo. Plutão rege o signo de Scorpius, que gosta de usar o poder e mantém sob controle os seus súditos.

As Pessoas de Tungstênio

As pessoas de tungstênio são superiores e orgulhosas. Conhecem o seu próprio valor e não têm receio de demonstrá-lo. Sentem um prazer cruel em atrair os menos inteligentes para o campo aberto e depois deixá-los para que façam um papel ridículo. Adoram desafiar os outros, incitando-os, provocando-os. Tão logo sua vítima fica excitada, abandonam-na sem piedade, deixando-a frustrada e irritada. Adoram demonstrar sua superioridade e invulnerabilidade. Assemelham-se a um tanque blindado diante das balas de um rifle.

O cérebro dessas pessoas está cheio de idéias brilhantes. Deitarão por terra todos os oponentes e andarão com pessoas de sua própria espécie. Poucos conseguem sustentar seu olhar penetrante. Quando encontram uma tarefa que acham que está à altura do seu valor, as pessoas de tungstênio podem realizar grandes coisas.

ALUMÍNIO

Sua História e Ocorrência

O Alumínio (Al) está em segundo lugar entre todos os metais mais leves, tendo apenas um terço do peso do cobre ou do aço. Somente o magnésio é mais leve. É bom condutor de calor e de eletricidade. Pode ser usado em muitas ligas que têm uma ampla variedade de usos. Depois do aço, é o metal mais largamente usado no mundo e, em termos de sua espantosa versatilidade, deixa para trás a maioria dos outros metais que utilizamos.

O alumínio tem uma elevada resistência a produtos neutros, ligeiramente alcalinos ou ligeiramente ácidos, e também aos efeitos da ação atmosférica, por causa da camada de óxido de alumínio, de extrema finura porém naturalmente protetora, que se forma sobre a sua superfície. Essa camada veda o metal de uma forma tão eficaz que impede qualquer corrosão posterior.

O alumínio é o elemento metálico mais comum que existe na crosta terrestre, formando 8% dela. Muitos tipos de rocha, até mesmo argila e greda, contêm alumínio.

A despeito de tudo isso, faz muito pouco tempo, comparativamente, que o alumínio vem sendo minerado pelo homem. Primeiro, o homem teve de descobrir a maneira de obtê-lo, tirando-o do minério bauxita (terra de alumínio), que é produzido pela exposição das rochas à ação atmosférica e que pode ter uma consistência variada, desde muito dura até tão macia quanto a argila. É encontrado em várias cores: vermelho, marrom, rosado, branco, amarelo e, às vezes, até mesmo cinza-azulado. A bauxita é um composto químico de alumínio com água e impurezas, que consistem de sílica, óxido de ferro e óxido de titânio.

O alumínio não ocorre naturalmente numa forma pura; sempre forma compostos químicos com outros elementos. Esse fenômeno pode ser explicado pelo fato de o alumínio ser um dos metais menos preciosos. O alumínio encontrado na crosta da Terra está, em grande parte, presente em silicatos, um grande grupo de minerais que têm uma composição variada e muitas vezes complicada.

O minério de alumínio foi chamado de bauxita a partir de 1858, em homenagem à cidadezinha de Les Baux, na região de Arles, no Sul da França, onde foi descoberto. Atualmente, os principais depósitos de bauxita estão no Suriname e na Guiana Inglesa. O Brasil, a Jamaica, o Haiti e São Domingos também têm importantes depósitos do minério. Outras fontes principais são a França, a União Soviética, os Estados Unidos, a Índia, a Austrália, a África e a Indonésia. A maior parte da bauxita é encontrada perto do Equador, onde a chuva tropical e o calor tem afetado a crosta da Terra desde os tempos primitivos. Um processo intensivo de alteração pela ação atmosférica é a condição essencial para a formação da bauxita, que contém os óxidos do alumínio, do ferro e do titânio – todos difíceis de dissolver. A mineração a céu aberto às vezes é possível depois de remover as camadas de areia e argila que cobrem a bauxita, muito embora a profundidade dessas camadas varie entre 5 e 50 metros. Sob a terra, há ainda massas inteiras de minério que só podem ser alcançadas por meio de poços e túneis. Geralmente, a bauxita tem de ser solta com explosões realizadas com cargas de dinamite.

Mais ou menos há um século, o alumínio era uma novidade que podia ser admirada na corte de Napoleão III. O que aconteceu foi que o Imperador da França viu um pedaço de alumínio, então chamado

ALUMÍNIO/PLATINA

Esta gravura antiga (Augsburg, 1498) simboliza as limitações das fúteis e exageradas expectativas humanas. Poderia, no entanto, haver uma representação de esperanças sutis melhor do que a oferecida pelo uso que fazemos de metais como o alumínio e a platina? Não estamos "diabolicamente" orgulhosos do nosso "metal prodigioso" e do nosso "ouro branco"?

argent d'argile [prata de argila] na exibição de Paris em 1855. Ele ficou muito impressionado com as fascinantes propriedades desse metal. O peso leve do alumínio inspirou nele o desejo de utilizá-lo para melhorar a mobilidade dos seus exércitos. Em seguida, Napoleão ordenou que o alumínio fosse produzido a baixo custo e em grande quantidade, e mandou fazer com ele um serviço de jantar que só era usado para os hóspedes mais importantes – os outros tinham de se contentar com garfos e colheres de ouro. Quando o rei do Sião esteve na França em visita oficial, encontrou, como uma surpresa especial, garfos e colheres de alumínio na mesa do imperador! Além disso, ele foi presenteado com um penduricalho de alumínio para a corrente do seu relógio! Naqueles dias, um quilo de alumínio custava uma centena de libras.

Alumínio Obtido por Corrente Elétrica

O alumínio foi descoberto em 1809, por Sir Humphrey Davy. Em 1828, H. C. Oersted conseguiu obter uma forma relativamente pura do metal por meio de um processo químico. Contudo, só em 1886 é que foi descoberto um processo industrial economicamente viável. Dois químicos fizeram a mesma descoberta ao mesmo tempo; cada um por seu lado, eles inventaram o mesmo processo eletrolítico. Por intermédio do chamado processo Bayer, chega-se ao primeiro estágio na obtenção do óxido de alumínio, livre de misturas e de água quimicamente aglutinada. Ao contrário do tratamento da maioria dos outros metais, que primeiro são libertados do minério numa forma bruta e depois são purificados por processos de refinação, o alumínio é tratado numa ordem inversa. De acordo com o processo Bayer, o minério primeiro é purificado por meio do seu aquecimento com soda cáustica. Esse processamento químico da bauxita vermelha, amarela ou cinza, produz óxido de alumínio puro na forma de um pó branco como a neve (o ácido silícico, os óxidos de ferro e o titânio são deixados para trás, como resíduo insolúvel) que, como matéria básica para a obtenção do alumínio, produz um metal muito puro. A quantidade de impurezas presentes no alumínio é, normalmente, menor do que em outros metais.

O segundo estágio na obtenção do alumínio consiste em libertar o metal do seu óxido, o que requer uma temperatura de 2.000°C. A arte de suprir as grandes quantidades de energia elétrica (energia uraniana da nova era de Aquário) exigidas para isso ainda está na sua infância, razão pela qual o metal alumínio tem uma história assim tão curta.

Os químicos acima mencionados, inventores desse processo eletrolítico, foram o americano Charles Hall e o francês Paul Heroult, ambos nascidos em 1863. Em 1886, eles tiveram a idéia de procurar a ajuda do mineral criólito, um fluoreto de sódio e alumínio. Uma mistura de criólito com 5% de óxido de alumínio funde-se exatamente a 1.000°C. Uma corrente elétrica que passa através da mistura irá mantê-la nesse estado de fusão e dividir o óxido de alumínio em alumínio e oxigênio, ao mesmo tempo.

De onde vem o criólito? Do Arksut Fjord, no sudoeste da Groenlândia, onde os esquimós o consideram um tipo especial de gelo, uma vez que se funde com tanta facilidade. Até 1940, a Groenlândia era a única fonte de criólito; por isso, as forças aliadas se instalaram ali para garantir seus suprimentos. Todavia, depois disso, eles descobriram como fazer criólito sintético e aderiram a esse método, a despeito do fato de ser muito mais caro.

Devido ao fato de ser tão forte a corrente elétrica exigida pelo processo eletrolítico, o alumínio foi um metal caro durante bastante tempo. E, especialmente, porque o seu transporte por trem também ficava muito caro, era tratado como um metal precioso. Eventualmente, o risco foi assumido e enormes usinas hidrelétricas foram construídas em áreas distantes, onde a bauxita era minerada, ou em portos marítimos profundos, tais como o Fort Williams, no oeste da Escócia, e isso parece ter resolvido o problema para nós.

Alumínio e Fluoração

Um dos problemas da manufatura deste metal extremamente útil está no que fazer com o gás venenoso chamado flúor, um subproduto. Ninguém sabia qual seria a melhor maneira de dar um destino a ele; por isso, equipes de pesquisa foram convocadas. Elas descobriram que o flúor está presente no esmalte dos dentes. Portanto, a indústria de alumínio da América dedicou vários milhões de dólares à promoção da fluoração da água destinada a ser bebida, supostamente para o bem dos dentes da criançada. Muitos governos de Estados e Municípios ficaram tão impressionados com os relatórios assinados por cientistas respeitáveis que gastaram muito dinheiro instalando equipamentos para a fluoração de suprimento de água. O flúor usado (e podemos escolher entre várias combinações) é tão venenoso que os homens encarregados de misturá-lo à água realizam seu trabalho usando máscaras e luvas protetoras. A concentração de fluor na água destinada a ser bebida é muito mais elevada do que qualquer outra jamais encontrada na natureza.

Depois de vários anos de fluoração, quando já havia dados estatísticos suficientes para uma avaliação dos efeitos, descobriu-se que durante os primeiros dois anos a deterioração era realmente retardada pela camada de esmalte dos dentes, mais endurecida. Todavia, depois desse período o esmalte ficava quebradiço e a deterioração piorava rapidamente, ficando mais difícil de controlar do que antes do período da fluoração. Em conseqüência disso, muitos Estados e cidades dos Estados Unidos abandonaram essa prática. A propaganda foi então estendida para a Europa, onde alguns países – a França, por exemplo – proibiram a fluoração de uma vez por todas. Outros, como a Inglaterra e a Holanda, proibiram-na em certas cidades. Todavia, há uma facção do parlamento holandês tentando fazer com que a fluoração seja obrigatória por lei, e muitas pessoas, usando evidências provenientes de cidades americanas que aboliram o seu uso, têm protestado contra essa prática. Isso fez com que viesse a público uma troca de correspondência entre químicos, revelando um plano de Hitler para introduzir a fluoração em todos os países que conquistasse, pois ele acreditava que uma dose diária dessa água deixava as pessoas submissas, dóceis e indiferentes. Estes efeitos são causados pela ação do fluoreto no lóbulo do cérebro que controla o espírito de liberdade.

Embora esse fato agora seja amplamente conhecido e tenha alarmado o público, a indústria do alumínio ainda está encontrando oportunidades para a fluoração da água de beber em algumas cidades – até mesmo em distritos inteiros – e também para a instalação de novas fábricas, a despeito do protesto de assembléias e de moradores locais.

Na província de Zeeland, na Holanda, a fábrica de alumínio Pecheney vomita um gás de flúor tão venenoso que vacas e carneiros que se alimentam nos pastos próximos já morreram por causa dele e o leite do gado que restou não presta para ser vendido. Muitas pessoas que moram nas vizinhanças agora estão sofrendo de doenças dos brônquios. Os fazendeiros envolvidos receberam indenização; mas isso, naturalmente, não impedirá a poluição.

O Alumínio na Preparação e Conservação de Alimentos

Vimos que a indústria do alumínio causa envenenamento, e isso deveria fazer com que nos lembrássemos do fato de que, na astrologia, o alumínio está sob a influência de Netuno, o planeta responsável por todas as espécies de veneno.

Portanto, o efeito venenoso gradual das caçarolas de alumínio não deve ser encarado com leviandade. O alumínio formará compostos diretos com qualquer coisa que seja cozinhada nele. Isso pode ser ilustrado pela água que ferve numa panela nova. A água fica turva. Certamente, não é uma boa idéia cozinhar coisas ácidas nessas panelas. Para uma prova científica disso, consulte o livro *Food and long life* [Comida e vida longa], de A. E. Powell. Esse livro tem mais de cinco páginas dedicadas ao alumínio e uma lista de produtos alimentícios com a quantidade de alumínio que eles assimilam de uma panela de alumínio num período de 24 horas. No caso de substâncias ácidas, essa quantidade alcança um nível muito alto depois de apenas cinco minutos; contudo, as substâncias alcalinas também combinarão facilmente com esse metal. Existe uma série de artigos escritos por 16 cientistas que, após efetuarem testes e fazerem experiências médicas, chegaram à conclusão de que o câncer e outras doenças eram causados pelo hábito de cozinhar alimentos em panelas de alumínio. No laboratório do Prof. Tchijevsky, a incidência de câncer em camundongos cuja comida era servida em pratos de alumínio foi 42 vezes mais alta do que em outros animais. Ele observou que a colite e doenças dos rins e do fígado desapareceram depois que o uso de panelas de alumínio tinha sido proibido, somente reaparecendo dois dias depois de as panelas terem sido postas em uso novamente.

O Dr. Leo Spira, ele próprio uma vítima do alumínio, descreveu suas aflições durante um período de dez anos; flatulências, úlceras do estômago e do duodeno, cálculos biliares, colite, enjôos e vômitos; vários tipos de males da pele – urticária, pruridos, herpes e eczemas; e também nevralgia, dores nas pernas, suor excessivo, pressão baixa, depressão e grande exaustão. Todos esses sintomas desapareceram quando seus pacientes pararam de usar panelas de alumínio e água das torneiras. (Para maiores detalhes, ver o seu livro *The Clinical Aspect of Chronic Poisoning by Aluminium and its Alloys*), 1933 [O Aspecto Clínico do Envenenamento Crônico pelo Alumínio e suas Ligas].

O Dr. Le Hunte Cooper, uma autoridade em alumínio, escreveu artigos em várias publicações culpando as panelas de alumínio por irritações, inflamações, úlceras e nevralgia crônica. O alumínio acumula-se no corpo. Num congresso médico em Arnhem, em 1934, ele acusou o alumínio com sendo a causa principal de doenças malignas em nossa época.

Um certo Mr. Averill, da *Federal Trade Comission,* de Washington D. C., reuniu peritos em alumínio, do mundo inteiro, para ouvir seus vereditos contra e a favor do alumínio. Houve a participação de uma centena de peritos, da indústria e também da ciência, durante um período de quatro anos, produzindo mais de mil exemplos de evidências. A conclusão final foi que o envenenamento pelo alumínio pode ser considerado o responsável por muitas doenças comuns, com ênfase no câncer. Representantes da indústria do alumínio foram para Washington, o relatório de Mr. Averill foi marcado com o carimbo "Confidencial" e foi arquivado, não tornando a ver de novo a luz do dia. Aparentemente, os cientistas que tinham tomado parte nas pesquisas foram persuadidos a manter a boca fechada.

Além das caçarolas, há outros usos do alumínio na preparação e preservação de alimentos. Veja, por exemplo, as tampas para as garrafas de leite e, depois de uma enorme publicidade, a folha de alumínio para fazer certos produtos ficarem impermeáveis ao ar. Carne e frango são, primeiro, envolvidos em gordura e, em seguida, embrulhados em folha de alumínio, para que nenhum dos sucos se perca e para que não escape nada do aroma. As fábricas produzem as chamadas comidas práticas, que vão para o forno em vasilhames de alumínio. Depois de cozinhadas, elas são transportadas e vendidas nos mesmos vasilhames.

Para a embalagem de cigarros e de cosméticos, só a Inglaterra usa 2.000 toneladas de folha de alumínio por ano. Além disso, há os envoltórios de "papel prateado" para chocolates, e assim por diante. Somente na Inglaterra são produzidas por ano 50.000 toneladas de folha de alumínio. Para se obter a folha, o alumínio é estirado por meio de cilindros compressores quentes até chegar a uma espessura de 10 milímetros e, depois, por meio de cilindros compressores frios, até uma espessura de apenas 0,009 milímetro.

A influência do planeta Urano trouxe à luz as caleidoscópicas propriedades desse "metal prodigioso", sem limites para a rápida expansão do seu uso. Seu lado netuniano iludiu a mente humana, levando-a a aceitar racionalizações científicas concernentes às possibilidades e planos para o uso do alumínio. Seria desleal não citar alguns dos tratados que fornecem combustível para alimentar essas crenças, como, por exemplo, um estudo realizado pelo Kettering Laboratory, na Universidade de Cincinnati, intitulado *Aluminium in the Environment of Man* [O Alumínio no Ambiente do Homem] (1970), ou a pesquisa do Dr. C. van Dessel, perito em medicina industrial.

A manufatura do alumínio não é o único exemplo da insistência da indústria em descobrir utilizações para os seus subprodutos, com resultados prejudiciais. De fato, agora, o processamento industrial de muitas matérias-primas cria grandes problemas para a comunidade e o ambiente. No primeiro caso, é o desejo exagerado de progresso tecnológico que leva à exploração e ao mau uso de quase todos os metais.

O próprio homem é que está destruindo, por assim dizer, o ninho onde vive, não cabendo a culpa aos metais da Mãe Terra e a seus poderes. A natureza do cobre, do estanho, do chumbo ou do alumínio é uma natureza essencialmente dedicada a servir as pessoas, as plantas e os animais de uma forma imparcial.

O Alumínio na Tecnologia

Se fôssemos banir o alumínio da indústria alimentícia e do uso doméstico na cozinha, visando ao interesse da saúde pública, ainda assim haveria uma grande quantidade de outras possibilidades inofensivas para esse metal. O alumínio pode ser usado para a *fiação elétrica*, em vez do cobre, especialmente porque os suprimentos de cobre estão ameaçando acabar agora que tantas áreas pouco desenvolvidas estão recebendo um suprimento de eletricidade. Canos quebrados podem ser reparados usando-se uma tira de folha de alumínio coberta com um adesivo. Uma vez que o alumínio reflete o calor, ele é usado para manter diversas coisas numa temperatura fresca. Os vasilhames para gasolina, por exemplo, são enrolados em folha enrugada com esta finalidade.

O alumínio polido é um dos melhores materiais para refletir a luz. Os espelhos dos telescópios astronômicos revestidos com uma película de alumínio não embaçam tão facilmente quanto os que têm uma película de prata. Mais ainda: o alumínio é melhor refletor da luz ultravioleta do que a prata. O grande telescópio Hale, de 200 polegadas, localizado em Monte Palomar, na Califórnia, tem de receber uma nova película de alumínio a cada cinco anos. Nos climas úmidos, isso tem de ser feito com mais freqüência, e o intervalo é de três meses nos lugares em que o ar contém sal marinho.

O alumínio é extremamente resistente à corrosão. Isto pode ser constatado olhando-se para a estátua de Eros, que já está há mais ou menos oitenta anos em Picadilly Circus. Formou-se uma fina camada de óxido de alumínio, que veda perfeitamente a superfície do metal. Essa cobertura protetora natural tem uma espessura de apenas vários milionésimos de milímetro! Por meio da eletrólise, podemos recobrir artificialmente os objetos com uma camada muito fina de óxido de alumínio, que às vezes é extremamente dura e às vezes é resistente à corrosão. Além disso, essa camada absorve os corantes, de modo que sofisticados efeitos de cor podem ser obtidos (Netuno); efeitos esses que podem ser usados no tipo de *show* de luzes que às vezes acompanha a musica *pop*.

Também temos fitas de alumínio para vedar portas e janelas, a fim de impedir as correntes de ar, e para outros usos similares, domésticos e industriais. Como é óbvio, esse material extremamente leve é muito popular na indústria aeronáutica. Sob a forma de uma liga de cobre e magnésio, descoberta pelo metalurgista alemão Dr. Alfred Wilm, ele é utilizado pela "Dürener Metallwerke" sob o nome comercial de "Duralumínio", devido ao fato de suportar de uma forma tão excelente os efeitos do desgaste. Esse processo de "resistência ao tempo" foi desenvolvido posteriormente e agora é usada uma liga de alumínio com cobre, níquel, silício, magnésio, ferro e titânio.

A leveza do alumínio é tal que o seu uso na construção de aeronaves, navios, ônibus, automóveis e trens economiza tanto dinheiro que os custos cada vez maiores da construção são mais do que cobertos. É por essa razão que o alumínio está substituindo o aço em muitas áreas, a despeito do custo mais baixo do aço; nas frotas de navios mercantes, nos transportes rodoviários, nas viagens aéreas e espaciais, na eletrotecnologia, na construção de edifícios e no trabalho doméstico, na construção de fábricas, na fabricação de máquinas e instrumentos, e para finalidades militares. Quase que não há nenhum ramo da ciência ou da indústria que não faça uso do alumínio. Em 1975, a indústria do alumínio produziu 15 milhões de toneladas do metal. Os "Seis Grandes" produtores são Alcoa, Alcan, Alusuisse, Pechiney, Reynolds e Kaiser.

A Natureza do Alumínio

Olhemos agora a natureza interior do alumínio, que, como já dissemos, capta as vibrações de Netuno e reflete-as, exercendo, portanto, influência netuniana. Netuno dilui, evapora e rompe, alargando sem limites. Netuno conduz para fora da Terra; daí a sua conexão com substâncias leves.

Antes mesmo de que qualquer pessoa tivesse tido, realmente, um pedaço dele em seu poder, o metal alumínio já era conhecido sob o nome de "Alumina". A fama dos talentos desse metal antecedeu o seu aparecimento e devemos admitir que ele é, sob todos os pontos de vista, um metal excepcional. Ele reúne dentro de si inúmeros modos de comportamento que outros metais só possuem separadamente: força, maleabilidade, resistência à corrosão, condutividade, refletividade, praticabilidade, "inocência" e baixo custo. Ao mesmo tempo, o metal é cercado por efeitos tipicamente netunianos, tais como o escândalo e a alarmante disseminação da sua aplicação. Espera-se muito dele por causa das suas capacidades caleidoscópicas e das suas muitas propriedades, que inspiram técnicas refinadas. Foi o alumínio que inspirou aquele grande passo dado no espaço. O metal tem fascinado artistas em muitos campos – ele tem sido usado para relevos aplicados em fachadas de edifícios, para "esculturas leves" e para murais. Contudo, as reproduções de mau gosto também fazem parte da natureza netuniana do alumínio: imitações de estruturas superficiais e de cores que deviam permanecer no original e que jamais deveriam ter sido copiadas. Tome uma pedra tumular feita de alumínio, por exemplo – ela não é mais verdadeira (embora possa parecer verdadeira) do que as imitações de pedras preciosas feitas com pó de alumínio. Todavia, isso não impede que o alumínio desempenhe um papel importante na formação *natural* de pedras preciosas. Esse metal está presente principalmente em silicatos e no corindo, um grande grupo de minerais que produzem algumas das mais belas pedras preciosas, tais como os rubis, as safiras, as ametistas e o topázio.

O Alumínio na Medicina

Na homeopatia, a *Alumina* (óxido de alumínio) é usada para tratar aquilo que – na sua forma mais bruta – na realidade ele mesmo causa: improdutividade e falta de autodisciplina. Numa forma extremamente diluída, ele tem, realmente, o efeito de refazer a pessoa. Ele é receitado nos casos de extrema fraqueza, paralisia, tonturas pela manhã e membranas mucosas secas. Uma indicação que aponta para esse tipo de tratamento é o desejo de comer giz e carvão – algumas crianças até rasparão a caiação das paredes e comerão cinzas! Isso indica uma condição tóxica, uma vez que ambos, giz e carvão, absorvem venenos. O paciente da alumina sente desânimo e às vezes pensa em cometer suicídio. Nele já não há centelha de vida. Isso é típico de Netuno! A alumina também pode ser usada para tratar males espirituais; numa forma muito, muito diluída, pode ajudar nos casos de falta de controle sexual, ou seja, de ninfomania. Às vezes, uma dose basta para melhorar o nosso bem-estar espiritual e fazermos assim bom uso do Netuno que está em nosso horóscopo.

Na clínica médica normal, o alumínio, ou um dos seus compostos, é dado para tratar o tétano, doenças da boca e da garganta, problemas gástricos e intestinais, suor nas palmas das mãos e males evidenciados por vários outros sintomas.

As Pessoas de Alumínio

As pessoas de alumínio têm uma alma tão leve que a terra mal consegue segurá-las! Elas gravitam em direção a esferas mais elevadas, procurando expandir a consciência em sonhos de beleza, em igrejas cheias de incenso, luzes de velas e ouro brilhante ou, então, na luz crepuscular de sessões espíritas. Elas se sentirão em paz se estiverem fazendo coisas incomuns, e não terrenas.

Essas pessoas não são avessas às drogas. Muito pelo contrário: querem encontrar o caminho mais rápido possível para a bem-aventurança. Para elas, nada de abstinência e autodisciplina; mas sim, qualquer artifício que possa colocá-las no céu – e por que não? – dirão elas.

As pessoas de alumínio são extremamente superiores ou extremamente decadentes. O caminho do meio não serve para elas. Como não têm peso para atrapalhá-las, podem voar para a liberdade, alcançando no último instante os mais longínquos limites da sociedade; elas estão na periferia da ordem social e da moralidade. Para elas, ou trapos ou riquezas, não há meio-termo. Elas adoram a sensação de intoxicação. Na alta sociedade, começarão improvisando no piano, compondo poesias e falando em várias línguas; contudo, no momento seguinte, poderão estar caídas na sargeta, bêbadas. Há muita sedução nos seus olhos, no seu sorriso, nas suas palavras. Elas criam ilusões e são olhadas e admiradas. Sentem mais atração pelo ilusório do que pelo real; preferem as fotografias lisonjeiramente retocadas às pessoas que essas fotos retratam, assim como preferem flores artificiais às reais que, afinal de contas, acabam murchando.

Vivem a poder de pílulas estimulantes e de café, têm corpos esbeltos e graciosos e ganham seu sustento como modelos, manequins ou *playboys*. As paredes de suas casas são cobertas com espelhos. No centro da sala, uma fonte brinca sobre as plantas tropicais. Com pouquíssima roupa, dançarão ao som de um disco até esquecerem quem são, onde moram e o que estão fazendo. E daí? – dirão elas.

PLATINA

As Propriedades da Platina

Conforme os espanhóis descobriram no século XVI, a platina já era conhecida na Colômbia desde tempos primitivos. Contudo, na época da conquista espanhola, esse metal era considerado um companheiro bastante incômodo do ouro e da prata, uma vez que deixava ambos muito mais duros e tornava mais difícil fazer jóias com eles. O nome "platina" (mais recentemente, *platinum*) é o diminutivo da palavra espanhola *plata*, que significa prata.

Somente nos últimos vinte anos é que aprendemos a tirar melhor proveito da grande dureza da platina, muito embora essa característica tenha sido pesquisada, desde a segunda metade do século XVIII, por ingleses, suecos e alemães. Depois de muitas experiências, encontrou-se uma forma boa e prática de separar a platina do ouro, usando-se cloreto de amônia e cloreto de potássio. Eventualmente, foi inventado um processo mais eficaz, envolvendo calor, chamado precipitação. Já em 1809 foi feita uma retorta de platina, destinada a conter ácido sulfúrico concentrado. Mais tarde, foi usado gás detonante para derreter platina em fornos de cimento.

Os outros metais existentes no grupo da platina foram gradualmente descobertos como impurezas da platina, e receberam nomes: paládio e ródio foram os primeiros, em 1803 e 1804, respectivamente. As soluções de ródio têm cor vermelha, embora ele seja insolúvel em água-régia. O paládio é solúvel em cianureto. O ósmio foi descoberto por meio da volatilidade do seu óxido.

Esses metais vêm imediatamente um abaixo do outro na tabela periódica e têm propriedades muito similares. A platina e o paládio se parecem um com o outro, de um ponto de vista técnico; o irídio e o ródio têm a mesma tendência para formar sais complexos; o rutênio e o ósmio reagem a ácidos da mesma maneira.

A platina e os outros metais que pertencem ao grupo da platina (ou seja, o rutênio, o ródio, o paládio, o ósmio e o irídio) são todos de cor branco-acinzentada. Eles têm pontos de fusão elevados e mostram uma alta resistência ao calor e à corrosão. Por essa razão, estão classificados entre os metais preciosos. Os três metais leves do grupo (rutênio, ródio e paládio) têm um peso específico de 12; os três pesados (ósmio, irídio e a própria platina) têm um peso específico de mais de 21.

A platina é altamente independente: pode suportar todos os ácidos, com exceção da água-régia, e nesta ela se dissolve ainda mais lentamente do que o ouro. Em qualquer temperatura, o nitrogênio, o carbono e o hidrongênio não a afetam. Abaixo de 1.000°C, ela não reagirá com gases sulfurosos. Com respeito ao oxigênio, só se pode obter óxido de platina utilizando-se pedaços extremamente finos desse metal numa temperatura muito elevada.

Fontes da Platina e Seus Usos

O usos da platina mudaram radicalmente com o passar dos anos. Na época da hegemonia espanhola, os índios colombianos achavam que esse metal era ouro não amadurecido e tornavam a jogá-lo no rio a fim de dar-lhe tempo para amadurecer. Todavia, o antropologista Alden Mason afirma que, nas regiões montanhosas do Peru, foram encontrados ornamentos de platina moldada (talvez tenham sido feitos com pó de platina resultante de precipitação – ou os antigos índios tinham outras técnicas?). Os espanhóis foram espertos demais para jogar sua platina de novo no rio; deram-lhe um banho de ouro para usá-la em moedas de ouro falsas.

Em 1819, foi descoberta platina nos Urais, esse nervo precioso do corpo da Mãe Terra. Até 1917, a Rússia produziu 90% de toda a platina existente no mundo, que era então encaminhada para fábricas na França e na Inglaterra.

Em 1925, minerais de platina foram descobertos na generosa rocha do Bosveld, na África do Sul. Depois de muita especulação, as minas situadas ao longo do horizonte de Merensky, próximo de Rustenburg, foram colocadas em atividade em 1926. Ao mesmo tempo, a platina começou a ser minerada no Canadá, onde a Nickel Company descobriu-a juntamente com o níquel. Eles inventaram um novo processo de extração usando ácido nítrico, no qual o ar e gás amoníaco eram catalizados sobre uma escumilha de platina-ródio.

Desde 1920 a tecnologia tem feito um uso cada vez mais amplo desse metal. No princípio, ele foi usado quase que exclusivamente para a confecção de jóias, especialmente nos Estados Unidos, onde os ricos exibiriam seus braceletes de platina porque eram caríssimos, se bem que, na verdade, talvez preferissem a cor do ouro.

Hoje em dia, objetos de todos os tipos, de uso cotidiano, têm um conteúdo de platina, tais como despertadores, torradeiras e barbeadores. Também os motores de carros e de aviões e os instrumentos para laboratórios químicos ou eletrônicos precisam da platina ou de uma das suas irmãs. Desde a Segunda Guerra Mundial a produção de platina tornou-se seis vezes maior e a África do Sul passou a ser a maior fornecedora de "ouro branco".

Muitas jóias ainda são confeccionadas com paládio. Normalmente, a quantidade de paládio é de 96%, com a adição de uma pequena quantidade de rutênio, de volfrâmio ou de cobre para torná-lo mais luzente e mais estável. Todos os tipos de jóias e de medalhas de prata são protegidos com uma fina camada de rutênio para impedir que escureçam. O irídio é usado principalmente em pontas de caneta-tinteiro, mas também para instrumentos de medição e agulhas de bússolas. De todos os metais de platina, o ródio é o que tem mais aplicação na tecnologia da galvanização. Além disso, os espelhos de ródio são fabricados especialmente para uso nos trópicos e em trabalhos químicos, por causa da sua maior resistência às influências exteriores.

A Natureza do "Ouro Branco"

Com relação às propriedades da platina, recentemente foram feitas duas descobertas importantes. Durante experiências referentes ao câncer em camundongos, o Dr. Barnett Rosenberg, da Michigan State University, chegou à conclusão de que a platina tem um efeito benéfico sobre casos de câncer. Também foi cientificamente provado, além de qualquer dúvida, que a platina pode reduzir a quantidade de gás venenoso exalado pelos carros. Desde que a lei contra a poluição entrou em vigor na América, em 1975, a indústria automobilística americana está sem saber o que fazer com respeito à aplicação industrial da descoberta acima mencionada. Os maiores e mais ricos estoques de platina da África do Sul pertencem à empresa Rustenberg, que começou fazendo os catalisadores de platina logo de início, sem esperar que a indústria americana de automóveis, que deles necessitava, os desenvolvesse. De fato, os americanos entregaram a tarefa a uma empresa sul-africana muito menor, chamada Engelhard – e agora a grande firma Rustenberg deve contentar-se com o fornecimento da matéria-prima.

Os triunfos da platina ainda não alcançaram seu clímax. Não obstante, sentimos que a platina é uma espécie de ouro falso, talvez sonhado por Lúcifer, que está sempre tentando imitar qualquer coisa que o Sol tenha criado. O planeta Lúcifer, cujo nome significa portador da luz, explodiu em conseqüência das suas tentativas de incutir nos habitantes do seu corpo o desejo de uma cultura e de uma tecnologia mais sofisticada. Tal como acontece na Terra hoje em dia, isto significa perfurar grandes bolsas de ar e dividir o átomo para poder dispor de suprimentos de energia inexauríveis.

Quando o corpo de Lúcifer se desintegrou, sua alma e seu espírito penetraram no corpo da sua irmã Gaia, o planeta Terra, isso no meio da era Lemuriana. Esse evento é descrito como a queda do homem. A partir desse momento, a terra abrigou duas almas planetárias, que provocaram uma divisão geral entre todas as criaturas vivas; elas foram divididas em homem e mulher. O bem e o mal passaram a existir; e a divisão entre a *natureza* (Gaia) e a *cultura* (Lúcifer) também passou a existir.

Enquanto Gaia luta para manter a ordem que o Sol determinou que ela mantivesse, o orgulhoso Lúcifer tenta mudar as coisas imitando, à sua própria maneira, a ordem dada. Para fazer isso, ele usa seres humanos. Lúcifer dá a eles a luz falsa da ciência, que abandonou a ordem dos deuses. Ele os ensina a produzir imitações que têm de parecer reais e têm de fazer com que o real pareça supérfluo, de modo que possa ser removido. Lúcifer ainda está tentando tomar o lugar do Sol na vida dos homens. Ora, naturalmente, podemos ver por que o seu metal tem de ser chamado de "ouro branco": comparado com o ouro branco, o ouro comum, *dourado*, é perfeito!

Se investigamos isso em termos da aplicação homeopática da platina, encontramos o mesmo padrão.

A Aplicação Homeopática da Platina

A *Platina metallica* é, em princípio, um remédio para a mulher. Ela acompanha a sexualidade excessivamente desenvolvida, encontrada geralmente em pessoas que têm um determinado relacionamento Vênus-Plutão em seus horóscopos e, às vezes, com aspectos particulares do relacionamento Júpiter-Netuno-Vênus, que está associado com histeria. Os órgãos femininos são excessivamente sensíveis: a menstruação começa muito cedo e os períodos são muito intensos. Com freqüência, tais mulheres sofrem de vaginismo e ninfomania, e sempre dormem com as pernas abertas. Outros sintomas são os bocejos constantes, a sensação de enjôo e a nevralgia facial. Qualquer parte que esteja relacionada com a atividade sexual é estimulada com excessiva facilidade e é fraca demais. Não há controle sobre o impulso sexual. Outros sintomas são dores de cabeça e surdez. Para essas pessoas, as coisas parecem menos importantes do que realmente são. Isto se assemelha muito claramente ao seu estado mental: tais pessoas desprezam os demais e acham que os seus poderes são muito maiores do que os que os outros têm. Elas são tão orgulhosas que se afastarão de todos, retirando-se para um mundo num plano mais elevado. O fato extraordinário é que suas dificuldades físicas vão desaparecendo gradualmente à medida que o seu afastamento mental do mundo normal aumenta.

A platina parece ser um importante antídoto para o envenenamento pelo chumbo. Isto nos faz pensar em Netuno em oposição a Saturno, ainda mais porque o padrão da platina traz consigo a paralisia. A paralisia ocorre quando a pessoa desliga uma parte etérica do corpo, da sua parte correspondente na matéria, com a resultante falta de eletricidade nos nervos desta última. Enquanto Saturno proporciona extremo controle e autodisciplina, Netuno não conhece limites. No caso da platina, vemos o orgulho de Lúcifer combinado com o desejo de Netuno de fugir para reinos mais belos. Em outras palavras, dizemos que a platina é um metal de Lúcifer e de Netuno.

Cada padrão cósmico e, conseqüentemente, cada metal, pode ter um bom ou um mau uso. Podemos tirar um proveito mínimo ou máximo de um metal existente no corpo, e esse aproveitamento é uma transferência do padrão cósmico. As doenças causadas pelo uso incorreto, ou pela presença de uma quantidade grande demais ou pequena demais de um metal no corpo e na alma, podem ser curadas pelo mesmo metal, adequadamente diluído ou então transformado pelo reino vegetal. Se é feito um bom uso dela, a platina produz auto-sacrifício e compaixão infinita. Contudo, se for usada de maneira errada, produz orgulho e auto-exaltação, e faz com que a pessoa vire as costas, na vida prática, ao dever, à autodisciplina e à responsabilidade (chumbo). A platina pode produzir tanto as extraordinárias façanhas físicas dos histéricos quanto suas paralisias e incapacidades, se este parece ser o único caminho que ficou aberto para eles. Nesse caso, o poder da platina se dirige para o interior.

As Pessoas de Platina

As pessoas de platina são as inimigas das pessoas de ouro, por quem nutrem uma inveja secreta. Elas olham com desprezo para a simplicidade das coisas naturais e assumem ares de superioridade e refinamento para impressionar as pessoas. Só respeitam as invenções engenhosas, os estilos extravagantes, tudo o que for complicado. Elas encaram a natureza como uma coisa inferior e acham que podem fazer melhor. Contudo, não realizam nada com seus supostos talentos.

As pessoas da platina são duras e frias. Vestidas com roupas esvoaçantes, caminharão empertigadas através da multidão, sem ver nada, sem levar nada em consideração, sem sofrer influências, gélidas, brilhantes. Não desejam nenhum contato com as pessoas comuns, com as almas simples. Tais pessoas podem ser encontradas no topo do mundo científico, ou do mundo dos negócios, ou até mesmo no quartel general do templo de uma seita espiritual que tenha uma alta idéia de seu próprio valor.

Não se aproxime muito dessas pessoas – a força delas pode ser fatal.

ALQUIMIA

O Ritmo da Vida

A alquimia, como a astrologia, é uma ciência secular baseada no pensamento analógico. Se observamos atentamente a natureza e a vida humana, notamos um processo que envolve um movimento de vaivém entre os dois pólos da existência: matéria e espírito. Não se trata de pólos opostos, mas de extremidades opostas de uma escala que condensa numa direção e rarefaz na outra. O espírito se condensa gradualmente, camada por camada, até se tornar matéria, e a matéria é rarefeita pelo mesmo processo, no sentido inverso, até se tornar espírito. Damos o nome de *criação* ao processo de condensação e de *liberação* ao processo de rarefação.

Se consideramos o espírito como um ponto central (seguindo o exemplo do Sol), então a criação representa um movimento de afastamento desse ponto central e de penetração na área que o rodeia, tal como o Sol transmite sua energia na forma de pontos eternos de luz que se condensam gradualmente, alcançando primeiro uma forma etérica e depois uma forma material. No estágio final, eles criam uma forma de vida, como um ser humano, um animal, uma planta ou uma pedra. Quando essa forma morre, os materiais que a constituem são liberados, e se tornam rarefeitos, transformando-se em energias que são atraídas de volta para o ponto central. Portanto, pode-se ver que há um processo contínuo de respiração realizado entre o Sol e seus planetas, um dos quais é a Terra. Quando o Sol exala, a Terra inala; e o inverso ocorre simultaneamente: quando a Terra exala, o Sol inala.

Quando o Sol exala, raios de energia se dispersam no seu caminho para os planetas, espalhando-se através de cada um deles e criando um número infinito de formas de vida. Isso é divisão, especialização, multiplicação.

Quando o Sol inala, os raios provenientes de todas as formas de vida juntam-se cada vez mais no seu caminho de volta para o ponto central, convergindo finalmente. Isso é reconciliação, fusão, coalescência, síntese.

Podemos observar esse processo no reino vegetal, por exemplo, no decorrer das quatro estações do ano (que também representam a

ALQUIMIA
Esta representação simbólica do Azoth dos Filósofos mostra o "amadurecimento" dos sete metais e o verdadeiro mestre da Grande Obra, um hermafrodita (o Rebis dos alquimistas, também chamado de Mercúrio Duplo) que deve unir as duas naturezas – a fixa e a volátil – dentro de si mesmo. Esta gravura desperta o desejo de estudos adicionais.

exalação e a inalação do Sol). Antes do solstício de verão, nasce uma variedade crescente de formas de vida: raízes, talos, folhas, flores e frutos. Depois do solstício do verão, a energia-vida, na sua busca do ponto central, concentra-se nas sementes, enquanto as outras formas definham e perecem. Elas atravessam várias fases até que se tornam Terra, que serve de alimento para as sementes em germinação do ciclo anual seguinte. Este é o ciclo de condensação e rarefação; a construção da matéria para obter a forma e, de novo, a sua decomposição.

O Ritmo nos Seres Humanos

A digestão humana dos alimentos apresenta um processo similar. O alimento que comemos consiste em várias formas de vida (animais, vegetais e minerais). Em fases consecutivas, essas formas são convertidas, transformadas e digeridas. Esse processo é mantido por meio da adição de várias secreções, da ação de bactérias e bacilos, pela produção de calor, e assim por diante. Finalmente, restam duas coisas. Primeiro, os resíduos materiais, que excretamos. Segundo, o alimento que foi convertido para as nossas próprias vibrações, que então absorvemos e gradualmente convertemos em energia com a ajuda do sistema glandular. Essa energia, portanto, representa uma rarefação da matéria e nutre as partes mais elevadas do nosso ser, tais como a nossa alma.

Podemos observar um processo semelhante na vida da alma humana. As impressões, inspirações e experiências que alimentam a alma, para que ela possa crescer, são transformadas por ela e dela recebem suas próprias formas de vida: pensamentos, sentimentos, planos e ações. Em outras palavras, elas tornam a encontrar expressão no mundo material. Esse processo de imprimir e de expressar é mais um ciclo daquela força que produz o que conhecemos como sintomas ou sinais de vida.

Alongado no tempo, podemos observar esse mesmo ritmo em atividade no decorrer de uma vida humana, na forma de uma alternação de "fases-eu" (expressão, movimento de afastamento do ponto central) e "fases-você" (impressão, movimento em direção ao ponto central). Durante as fases-eu a pessoa está se movendo da unidade para a multiplicidade, enquanto nas fases-você ela se move da multiplicidade para a unidade. Nas fases-eu, a pessoa se expressa através de ações realizadas por sua conta e risco: ela cria. Nas fases-você, ela se deixa ensinar e adestrar para ações que serão realizadas por conta e risco de seus mestres e do ambiente que a rodeia. Cada fase dura sete anos.

Durante essas fases, também podemos ver uma alternação de expansão e contração, de especialização e fusão. Na segunda fase-eu da vida humana (puberdade: dos 14 aos 21 anos de idade), ocorre uma separação dentro da alma, que se divide numa metade masculina e numa metade feminina. Depois dos 62 anos de idade, essa divisão desaparece, restaurando a unidade original. Assim, o processo da vida consiste em períodos fixos de dilatação e contração.

Antes de começar a entender a natureza da alquimia é necessário ter uma idéia clara a respeito do processo da vida.

A alquimia é a arte de acelerar o processo natural de vida nos metais e também no espírito humano, que toma parte no mesmo processo. As duas operações aceleradoras podem correr paralelamente porque o mesmo processo está sendo completado em ambas ao mesmo tempo.

Transmutação

Há apenas uma força (cósmica), que se revela a nós sob várias formas e atua em várias direções operativas; primeiramente, como força de vida, enquanto o espírito está no processo de materialização, e também como força de morte, enquanto a matéria está se transformando em espírito.

Cada criatura viva transforma, transmuta ou transfigura essa força única, enquanto ela flui através do seu ser. Essa força é usada, pelas criaturas vivas, para criar uma variedade de formas diferentes. Pense no corpo humano refinando o alimento absorvido para criar a energia para o desenvolvimento da alma; ou na planta absorvendo alimento para criar uma linda flor e, mais tarde, terra. Desprendendo partículas de si mesmos, os metais sofrem um processo de mudança muito lento. Na metade do processo de vida dedicado à condensação (criação), o ouro, por exemplo, eventualmente se transforma em chumbo. Durante a metade do processo de rarefação (liberação), o chumbo finalmente se transforma em ouro. Este é o ciclo dos metais. Na realidade, também ocorrem expansões e contrações durante o período de transformação. O processo de rarefação é evidente quando se funde um sólido de modo que ele se torna líquido e a evaporação do líquido o transforma em gás. O processo de condensação significa que o gás é precipitado como um líquido e o líquido é congelado até se tornar um sólido.

Falando de um modo geral, a alquimia ocupa-se com o processo de rarefação da matéria em direção ao espírito, muito embora no decorrer desse processo possam ocorrer, com freqüência, contrações e expansões. O calor é vital, uma vez que produz rarefação. Na primeira metade do processo, a matéria impura é liberada da sua forma e se torna essência; na segunda metade, essa essência é condensada, ao mesmo tempo que mantém a sua pureza.

A alquimia, desse modo, é paralela ao processo homeopático de diluir substâncias medicinais. Nesse último caso, a substância é tão altamente refinada que o poder curativo é liberado da sua forma material, embora possa mantê-la sob controle. Do mesmo modo, a alma de uma pessoa morta ainda se apega ao corpo mortal.

O alvo da alquimia, portanto, é a transformação gradual da forma material, dentro da qual está expressa uma força ou um poder, numa direção que vai do grosseiro para o requintado. Na prática, a alquimia tenta transformar um metal em outro – mercúrio em prata ou em ouro, por exemplo, e, finalmente, chumbo em ouro, por meio da aceleração do processo natural. Esse é o objetivo de toda a educação.

O Ponto de Partida

Em todos os livros de alquimia lemos que para fazer ouro sempre temos que começar com uma pequena quantidade desse metal. Trabalhando-se com essa pequena quantidade, o ouro então se multiplica. Usando uma analogia, isso se torna mais compreensível: um ser humano não pode tornar-se um deus se nele não houver uma pitada de divindade. Entre todos os metais, o ouro é análogo à natureza divina interior do homem. Toda educação correta se apóia nessa divindade, no conhecimento íntimo daquilo que é verdade. O Sol, o coração e o ouro são análogos. E *gold*, *good* e *god* [ouro, bom e deus] vieram da mesma palavra original.

O retorno da matéria para o espírito, isto é, a liberação, começa na periferia do globo, na área mais distante do ponto central (divino). A condensação é maior na periferia: matéria, materialismo, ignorância e inconsciência. Aquele que procura irá considerar esta condição condensada como uma profanação da pureza original. Por esse motivo, o processo de aceleração tem de começar com a purificação da matéria. Isso é paralelo ao despertar da percepção da verdade na alma humana. Antes de mais nada, o homem deve perceber que é um filho de Deus e que tem dentro de si o ouro divino. Enquanto for criança, ele não dará ouvidos à sua voz interior; ela só pode ser treinada, e não educada.

É por isso que todo o bom sistema de espiritualização e cura começa com a purificação do corpo e da alma por meio do tratamento da saúde e de um modo de vida natural, pelo jejum e pela prece, pela solidão e pelo trabalho intenso, por cânticos acompanhando a respiração, etc.

Desse modo, o alquimista purifica a substância com a qual pretende trabalhar, até que a tenha em suas mãos no seu estado puro, original, de *Matéria-Prima*. Esse processo de purificação ocorre em cada alma humana, entre a morte e o renascimento, na Terra e também todas as noites, durante o sono.

No curso da chamada Santa Missa, que é uma imitação do processo diário e anual que ocorre entre o Sol e a Terra e entre Deus e o homem, começamos com um ato de purificação. Esse ato produz a purificação do corpo por meio da aspersão com água benta contida num aspersório (*asperges me*) e a purificação da alma pela confissão dos pecados (*confiteor*). A alma deve estar livre de pecados e a matéria básica deve estar livre de misturas, as chamadas impurezas.

O Processo Material

Os princípios da química, postos em ação pelos alquimistas, são descritos por Jacques Bergier no seu livro *Le Matin des Magiciens* [O despertar dos mágicos].

"O alquimista começa fazendo uma mistura compacta, de três componentes, num almofariz de ágata. O primeiro, que constitui 95% da mistura toda, é um mineral, por exemplo, a arsenopirita, um composto de ferro com impurezas que consistem de arsênico e antimônio. O segundo é um metal: ferro, chumbo, prata ou mercúrio. O terceiro é um ácido orgânico: ácido tartárico, ácido cítrico. O alquimista então mói esses componentes até reduzi-los a um pó fino, misturando-os depois, isso durante um período que vai de cinco a seis meses. Depois disso, ele aquece a mistura num crisol. A temperatura é aumentada muito gradualmente e depois é mantida, para que faça efeito durante mais ou menos dez dias. O alquimista deve tomar precauções cuidadosas. Gases venenosos são liberados – especialmente vapor de mercúrio e arsenamina. Estes já custaram a vida de mais de um alquimista em início de carreira. Finalmente, ele dissolve o conteúdo do crisol com a ajuda de um ácido. Isso deve ser feito sob uma luz polarizada, ou de luz solar fraca, refletida por um espelho, ou da luz da lua. (Agora sabemos que a luz polarizada vibra numa única direção, enquanto a luz comum vibra, ao longo de um eixo, em todas as direções.) Em seguida, ele reduz o líquido por evaporação e depois torna a recozer a substância sólida resultante, repetindo este processo milhares de vezes, ano após ano. Seu objetivo é a concentração gradual da substância para obter o seu espírito universal..."

Quando o alquimista percebe que o primeiro estágio já foi completado, ele adiciona um agente oxidante à sua mistura; salitre, por exemplo. No crisol ele agora tem enxofre, derivado das piritas, e tem o carbono que vem do ácido orgânico. Enxofre, carbono e salitre: isso explica como os alquimistas inventaram a pólvora.

O alquimista repete agora o processo de primeiro dissolver a mistura e depois recozê-la durante meses, ou até mesmo anos, até que, por fim, ele recebe um sinal. Esse sinal aparece no momento em que a substância se dissolve. Para alguns alquimistas, ele é a formação de cristais em forma de estrela sobre a superfície do líquido. Segundo outros, forma-se uma camada de óxido sobre a superfície do líquido, que depois se rompe e revela o metal brilhante que parece refletir a Via-Láctea ou as constelações em miniatura.

Depois do aparecimento deste sinal, o alquimista tira a mistura do crisol, protege-a do ar e da umidade e deixa-a até o primeiro dia da primavera seguinte, para que "amadureça". Quando retoma suas atividades, o objetivo destas é, de acordo com o que dizem os velhos textos, "preparar a escuridão".

A mistura é colocada num recipiente transparente, feito de cristal de rocha, que em seguida é hermeticamente fechado. De agora em diante, o trabalho do alquimista se resume em aquecer esse recipiente, controlando a temperatura com o máximo cuidado.

A mistura que está no recipiente lacrado ainda contém enxofre, carbono e salitre. O objetivo é aquecê-la até um determinado grau de calor intenso, sem que ocorra uma explosão. As explosões que acontecem desta maneira são extremamente violentas e são acompanhadas por temperaturas mais elevadas do que seria lógico esperar.

O objetivo é obter, no recipiente, uma essência que freqüentemente é chamada pelos alquimistas de "asa de corvo". Em termos modernos, a cor negro-azulada é devida ao gás eletrônico que se formou. Esse espírito ou essência de um metal é o número total de elétrons livres – que, juntos, formam o metal e dão a ele suas propriedades mecânicas, elétricas e térmicas.

O alquimista aquece, esfria e reaquece a sua matéria durante meses e anos, vigiando através do cristal de rocha à espera da formação daquilo que às vezes é chamado de "ovo do alquimista": a mistura que então se transformou num líquido negro-azulado. Eventualmente, ele abre o seu recipiente no escuro; a única luz é a que é desprendida por esse líquido fluorescente. Quando entra em contato com o ar, esse líquido solidifica-se e separa-se.

Dessa maneira, o alquimista deverá obter substâncias completamente novas, que não ocorrem na natureza. Essas substâncias deverão ter todas as propriedades de elementos quimicamente puros, que não podem ser decompostos por meios químicos.

Os alquimistas modernos alegam que criaram, desta maneira,

novos elementos químicos em quantidades ponderáveis. Supõe-se que Fulcanelli, utilizando um quilo de ferro, tenha preparado vinte gramas de uma substância totalmente nova, cujas propriedades químicas e físicas não têm correspondência com nenhum dos elementos conhecidos. O mesmo método poderia ser aplicado a todos os elementos, e cada um deles, tratado dessa maneira, seria capaz de produzir dois elementos novos. *O alquimista tem meios de criar substâncias totalmente novas decompondo substâncias e reconstituindo-as.*

Agora só restam as escórias. O alquimista deve lavá-las com água tridestilada durante meses a fio. Em seguida, ele mantém a água numa temperatura constante e longe da luz. Supõe-se que essa água tenha propriedades químicas e medicinais muito especiais. Ela é o solvente universal, a legendária *aqua vitae*, o alixir de Fausto – porque rejuvenesce os tecidos e pode prolongar consideravelmente a vida humana.

Agora, o alquimista ainda deve tentar de novo e combinar os elementos separados que criou. Ele os mistura em seu almofariz e derrete-os numa temperatura baixa por meio da adição de catalizadores.

Dizem-nos que agora ele irá obter substâncias que se assemelham exatamente aos metais conhecidos – isto é, os metais que são bons condutores de calor e de eletricidade. Esses metais serão o cobre, a prata e o ouro alquímicos. Aparentemente, o cobre alquímico é igual ao cobre comum, mas, na realidade, é muito diferente. Diz-se que ele tem uma resistência elétrica extremamente pequena, comparável à dos supercondutores, que os físicos modernos reduziram praticamente a zero. Se fosse possível utilizar esse tipo de cobre, ele iria transtornar toda a eletroquímica moderna. Outras substâncias produzidas por métodos alquímicos podem ter conseqüências ainda mais surpreendentes. Uma delas, por exemplo, seria solúvel em vidro numa temperatura baixa, isto é, antes que o vidro derretesse. Quando essa substância entra em contato com o vidro ligeiramente amolecido, ela se difundirá através dele dando-lhe uma coloração vermelho-rubi que, no escuro, tem uma fosforescência lilás. O pó obtido por meio da trituração desse vidro num almofariz de ágata é a "pedra filosofal" dos textos antigos. Usando esse pó, poderá ser possível a transmutação de metais em quantidades ponderáveis. Em outras palavras, poderá ser possível transformar metais sem valor em ouro, prata ou platina.

Uma mudança similar também terá ocorrido dentro do próprio alquimista. Ele também está sujeito a mutações. Ele terá atingido um outro estado de ser: terá sido elevado a um outro nível de consciência. Até agora, com a omissão de certos pormenores, é isto o que Jacques Bergier conta, conforme está relatado no seu livro *O despertar dos mágicos.*

O que está descrito aqui em termos químicos superficiais é paralelo ao processo de refinamento que ocorre dentro do próprio homem!

O significado e o objetivo de todos os rituais mágicos é a imitação superficial de um processo espiritual que é benéfico para o avanço desse processo natural. Isto explica os Mistérios, representações teatrais da Antigüidade e de certas religiões opressivas e escolas ocultas. Quem quer que tenha uma idéia clara dos processos da vida e que seja capaz de raciocinar por analogia pode criar seus próprios rituais, que, desta maneira, são eficazes. Uma vez começado o período no qual se torna possível uma transformação, uma mutação, dentro do processo, esta ocorrerá sob a influência estimulante de uma ação superficial que lhe é análoga. (Deve ser esta a origem do drama.) O ritual ativa padrões etéricos de vibrações cósmicas existentes na atmosfera da Terra e, tão logo a Lua possa substanciar esse aspecto, qualquer coisa que tenha sido representada externamente acontecerá internamente. Esse período é confirmado por um sinal.

O que está em cima também deve estar embaixo; o que está fora deve estar dentro.

Se ao menos o alquimista tivesse prestado mais atenção aos momentos certos para todas as coisas, usando o seu conhecimento de astrologia, ele teria necessitado de menos tempo para alcançar os mesmos resultados em ambos os níveis, interior e exterior.

A alquimia interior pode, realmente, agir sem a sua correspondente exterior! O coração divino de um ser humano quer, naturalmente, voltar para o seu lugar de origem: o Sol. Quanto mais a pessoa ajuda o processo, mais depressa ele é completado – sem o auxílio de mestres, sistemas ou escolas. Um desejo natural aponta o caminho que a pessoa já conhece subconscientemente. Através da purificação do corpo e da alma, ela prepara o coração divino para o início da transmutação. As pessoas que ainda possuem a centelha brilhando em seu interior, têm o dever de se purificar e de mudar; esse é o seu destino! Exatamente por essa razão, os eremitas de outrora, e outros, ao lutar pela santificação, abstinham-se intuitivamente de comer carne, de tomar álcool e outras drogas, de fumo, de remédios químicos, de pornografia, de leituras populares (do tipo baixo, sensacionalista), do sexo como divertimento, da tagarelice e do raciocínio causativo (usando estatísticas, por exemplo). A pessoa se afasta naturalmente das coisas impuras e procura a paz e a natureza tranqüila e ainda não conspurcada.

Qualquer um que, por meio da introspecção, observe o processo de transmutação dentro de si, ou qualquer um que simplesmente repare no que está acontecendo em seu íntimo e ao seu redor, além das coisas cotidianas, tem consciência da sua transformação por estágios.

Em épocas primitivas, quando as pessoas pensavam em termos de imagens, esses estágios eram vistos em termos de símbolos que podem ser encontrados nos velhos livros de alquimia. As cores preta, branca e vermelha, por exemplo, representam o corpo físico, o corpo etérico e o corpo astral (espiritual). (A negra veste talar com a branca alva sacerdotal sobre ela, e sobre esta última a casula vermelha.) Ou, em outras palavras, o corpo, a alma e o espírito. Daí o símbolo do recipiente que contém um pássaro negro, um branco e um vermelho. Ou o símbolo de um lírio branco (e a Lua) e uma rosa vermelha (e o Sol) formando um par que representa uma polaridade. Na alma humana ela está entre a *anima* e o *animus*, entre o macho e a fêmea. Essa situação – essa divisão – vai dos 14 até os 63 anos de idade. Durante o estágio de Dissolução (*solutio*) esses dois aspectos são resolvidos e reconciliados numa pessoa juntamente com todas as polaridades análogas. Somente então é que a alma se torna humana, harmoniosa, e o corpo a segue.

Qualquer um pode entender esses símbolos, pois eles só representam aquilo que a própria pessoa experimentou. E, sendo assim, uma pessoa que está se desenvolvendo pode compreender a linguagem dos alquimistas sem jamais ter realizado qualquer uma de suas experiências.

Os Estágios do Processo

Quem quer que reconheça os estágios do processo da vida no mundo real será capaz de identificar suas analogias no processo alquímico tradicional. Assim, consideramos a maneira pela qual uma pessoa reaparece continuamente na Terra – ela adquire densidade gradualmente, até que a sua alma fica fechada num corpo mortal, tornando a escapar por ocasião da morte – como um processo constante de condensação e rarefação. Na alquimia, isso é realizado pela redução de uma substância a cinzas, que são dissolvidas num líquido que, por sua vez, é evaporado e, em seguida, condensado; ou seja, libertando-se a substância original das suas impurezas e misturas, por meio da destilação. Uma vida pura purifica o corpo, e a alma é purificada pelo desejo ardente de estar com Deus, excluindo-se todos os outros objetivos. Desse modo, os quatro elementos são deixados para trás e permanece o quinto elemento, o ouro levado à quinta-essência. Isso ocorre quando a alma já não é mais atraída pelos quatro elementos ficando, desse modo, pronta para a reencarnação.

Cada estágio do processo alquímico corresponde a um estágio no crescimento da alma. Ao mesmo tempo, cada um desses estágios é inaugurado e levado até a sua conclusão por uma determinada força cósmica. Nem todos os compêndios de alquimia estão de acordo com relação à ordem dos estágios da Grande Obra, mas, na realidade, trata-se apenas da ordem de colocação de certos itens na lista, e no fim tudo dá na mesma. Afinal, podemos ver esses estágios, por nós mesmos, no livro aberto da natureza!

Podemos dividir o processo em sete estágios, da maneira que segue. O primeiro estágio está no fim da lista:

7 tintura	OU	7 lapidificação	Sol
6 coagulação		6 fixação	Vênus
5 destilação		5 coagulação	Marte

4 putrefação	OU	4 sublimação	Lua
3 solução		3 destilação	Júpiter
2 sublimação		2 putrefação	Saturno
1 calcinação		1 solução	Mercúrio

A primeira série tem por objetivo obter a tintura; a segunda, a pedra filosofal. A questão é que primeiro precisamos decompor o material com que estamos trabalhando, analisá-lo e purificá-lo até que o seu estado original seja exposto, podendo-se então dar-lhe substância. É exatamente isso que acontece com as pessoas. Elas passam por um processo de regeneração: isto significa elevar o decaído, o depravado, o imundo, e fazê-los voltar ao seu estado divino original.

Calcinação

No forno do alquimista, o *athanor*, arde o fogo que deve consumir a imundície e cozer a matéria. Esse forno é análogo ao nosso corpo físico, que contém o nosso fogo vital. Esse fogo nos dá o calor corporal. Ele é análogo ao fogo espiritual que há em nossa alma, que arde para purificá-la.

Há pessoas que têm a percepção da centelha ardente que existe em suas almas e, conseqüentemente, cada uma delas tem consciência do seu dever e do seu destino, que é o de se transformar novamente num templo puro para abrigar essa centelha.

Do mesmo modo, há metais que, depois de separados da crosta terrestre pelos homens, combinados com outros e, dessa forma, modificados, conservam a lembrança do modelo original ao que pertenciam e mudam, voltando para ele tão logo podem. Também há plantas (a couve-flor, por exemplo) – que o homem cultivou e, por meio desse cultivo, mudou sua aparência, ou sua forma – que, entregues a si mesmas, voltarão para o seu padrão original, ou, como dizemos, tornar-se-ão selvagens. Pessoas, metais e plantas que esquecem suas próprias naturezas acabam perecendo.

A função da memória é despertar a vontade e capacitá-la a

iniciar o retorno. O objetivo não é fugir da Terra o mais depressa possível a fim de alcançar a bem-aventurança no céu, mas contribuir para a *santificação geral da Terra e de todas as suas criaturas* – levá-la de volta para o estado original a que se aspira.

É a vontade forte, inconquistável, que cozinha o ego, a alma e o corpo humano. A decisão de dar esse passo, a conversão (o significado da Lua cheia) e a realização dessa decisão representam o processo de calcinação na alma. Essa é a morte do velho ego, quando a pessoa já não concretiza o seu padrão horoscópico num nível inferior. (Pois ninguém pode mudar esse padrão; só pode mudar o nível no qual ele é concretizado.) O primeiro passo no processo é a devoção absoluta a ele – é estar preparado para se transformar apenas em cinzas. Este é o estágio de poder e de luta: o estágio do ferro.

Às vezes dizemos que alguém "mudou". Isso pode ser verdade, em todos os sentidos. O poder do espírito pode mudar a estrutura atômica tanto no fogo interior da alma humana quanto num metal aquecido a uma determinada temperatura. Todos os metais podem ser encontrados no corpo humano. Esses metais são convertidos, de modo que se concentram na restauração do seu verdadeiro padrão. O corpo também colabora nessa restauração; a pessoa se nega a comer restos de alimentos, por exemplo. É por meio desse tipo de coisa que podemos detectar uma verdadeira mudança.

Sublimação

A sublimação é o processo de purificação. Ela é produzida por um modo de vida puro, com uma dieta muito sóbria, constituída por alimentos naturais, frescos e crus, provenientes do reino vegetal. É necessário ter cuidado para não usar qualquer força sobre a planta. Em outras palavras, só devemos tirar aquilo que a planta está preparada para dar: os frutos e as sementes que caem no solo e as folhas avulsas, supérfluas. Além do que, devemos aspirar ar fresco, durante o dia e à noite.

Devemos viver na natureza e com a natureza, fazendo um trabalho simples que exija muitos movimentos naturais do corpo.

Desse modo, passamos a ter percepção das leis, atividades e ritmos da natureza capazes de promover a recuperação de uma vida equilibrada e natural, tanto física quanto espiritual. Os fluidos que correm pelo corpo são purificados até se transformarem naquilo que estavam destinados a ser – vibrantes correntes de energia viva cantando através dos canais do corpo.

Esse estado puro dos fluidos corporais pode ser comparado à Tintura Branca obtida por processos alquímicos. Com essa tintura branca o alquimista pode, por exemplo, transformar o mercúrio em prata. O que acontece é que a sublimação refina e purifica a área regida pela Lua (o alimento, a digestão e o sistema glandular). Todos os hormônios se transformam em energias etéricas mais puras e refinadas, que tornam o corpo etérico mais branco e luminoso, até um ponto em que a luz brilha através dos olhos e dos poros, dando à pele um brilho sedoso.

A prata que o alquimista obtém por esse processo não é uma prata comum: é a prata alquímica, muito clara, que tem outras propriedades. Essa prata é semelhante ao corpo vivo recém-formado – o chamado bioplasma, para usar nossa linguagem moderna, o campo de força humano. Os hormônios se transformaram, mais uma vez, em elixires de vida, que mantêm o homem eternamente jovem.

Se impurezas entrarem no corpo, elas serão expelidas com força, muito embora a pessoa, temporariamente, fique bastante doente. O corpo etérico purificado sabe se defender e defender seus direitos! A pessoa descobrirá que pode suportar muito mais e pode realizar mais com menos esforço. As coisas acontecem por si mesmas, que é como deveria ser. O corpo e a alma sentem prazer no trabalho intenso!

Essa purificação também desempenha um papel na preparação espagírica dos remédios naturais.

Falamos de ablução e lunificação: a Lua pura.

O alquimista vê a essência de uma substância aparecendo cada vez mais e mais claramente, surgindo das suas experiências. A energia irradiante, cada vez mais forte, dá uma qualidade luminosa ao vapor fino, que se torna branco como a neve e transparente como o cristal – o chamado Cisne Branco. Esse processo de sublimação representa uma ressurreição dos mortos. Um símbolo para isso é o rei da lenda de

Parsifal. Ele está doente, com o corpo e a alma tão impotentes e entorpecidos quanto os de um homem não redimido. Só depois de ter se erguido desse estado é que ele pode ter qualquer idéia do seu próprio potencial!

Solução

Este é o processo da solução – do silêncio. Ele traz a paz que deriva de uma fusão completa de opostos. É, também, o estágio de Mercúrio, o assexuado, o ser perfeito. A própria natureza nos fornece um modelo para esse processo, na união espiritual e física entre um homem puro e uma mulher pura. Na Antigüidade, este era o casamento entre o sumo-sacerdote e uma mulher representante de uma deusa; ou entre a alta sacerdotiza e o representante de um deus. Em tal união não há ejaculação de esperma nem desejos descontrolados, uma vez que os fluidos produzidos pelas glândulas sexuais já foram refinados e se tornaram correntes etéricas de energia que podem alcançar rapidamente as altitudes mais elevadas; especialmente a glândula pineal, que pode ativar e desenvolver as mais altas capacidades do homem.

Nesse único momento de união, todos os pares de pólos do corpo inteiro se fundem e se unem: isso representa as energias de todos os pares de órgãos e de glândulas, até onde se opõem mutuamente. Direita e esquerda, em cima e embaixo, todos se tornam um.

Na educação superficial de nós mesmos, lutamos para conseguir isso através da prece (do tipo certo) e da meditação, que nos fazem sentir tranqüilos como um lago sereno sobre o qual o Sol brilha. Todos os desejos se evaporam e o egoísmo desaparece. Isso liberta a centelha divina que está no coração e que, então, envia sua irradiação jubilosa para cima, para a cabeça e para a consciência da pessoa; do templo para o templo. (*Sursum corda* – corações ao alto!) O amor universal anima e amolece o ouro do coração. Do mesmo modo, no processo alquímico, o ouro verdadeiro eleva-se da sua forma morta para se tornar uma tintura vermelha, que pode transformar outros metais em ouro. Assim como um ser humano é criado pela fusão do *animus* e da *anima*, também o ouro verdadeiro nasce de um composto de enxofre e mercúrio, o quente e o frio: *Mercurius Duplicatus*.

No frasco, que é aquecido por imersão em água, as duas substâncias opostas travam uma luta violenta antes de se unirem. Chama-se a isso a luta do Dragão (ou Águia) e do Leão. Quando ela está em curso, surgem colorações diferentes, uma após outra.

A experiência desses processos alquímicos no vaso aquecido tem levado a muitas imagens mentais que são compreendidas por todos os iniciados. Contudo, qualquer dona-de-casa, com o mesmo grau de pureza interior, observa processos similares enquanto cozinha a comida e, em termos simples, fica maravilhada diante do que vê.

Putrefação

A putrefação ou decomposição nada mais é que o processo que ocorre em nossos intestinos. Esse incrível processo de decomposição (Virgo!) que, falando de um modo geral, é controlado por Saturno, desagrega a forma de vida estranha, de um dos outros reinos da natureza, para que então o corpo possa construir sua própria forma. Desse modo, a digestão do alimento é posta em movimento pela ação da saliva sobre ele e é realizada com a ajuda dos sucos gástricos e intestinais, que destroem o alimento e o decompõem.

E assim, a mistura alquímica que está no vaso torna-se tão negra quanto a matéria morta (o chamado Corvo Negro). Agora, a força vital começa a se libertar da matéria decomposta. Isso é evidenciado pelas mudanças que ocorrem na cor: irisada, branca, amarela, vermelha. Devemos esperar pela cor seguinte antes que se possa aumentar o calor. A temperatura exterior (dentro do forno) não deve aumentar num passo mais rápido que o da temperatura que há dentro do vaso.

Há uma regra paralela para aquelas pessoas que desejam realizar a mudança em si mesmas: os exercícios físicos (ioga) devem acompanhar o desenvolvimento espiritual. A teoria deve caminhar ao lado da prática, ombro a ombro. Esse é o grande erro em que muitas escolas espirituais incorrem, levadas pela impaciência. Se o calor externo é elevado com excessiva rapidez, o calor vermelho antecede o calor branco, o que significa um excesso de Marte em relação a Vênus. Se isso acontece, todo o processo é arruinado, quase do mesmo modo como um excesso de paixão ou desejo mata o amor; nesses casos, a semente sagrada do verdadeiro amor será consumida pelo fogo da paixão.

Na alquimia, são recebidas instruções exatas com respeito ao momento de aumentar o calor de acordo com certos sinais.

A putrefação também é o processo que a semente sofre no solo. Lentamente, ela amolece e se decompõe para criar alimento para a plantinha que está germinando, até que nada mais reste dela. Do mesmo modo, o velho ego de uma pessoa morre e é transformado em alimento para o novo ego, a essência espiritual. Qualquer pessoa pode observar esse processo numa sementeira e aprender por meio dele.

O novo ego é banhado com orvalho celestial que, em termos corpóreos, é o *liquor cerebri* ou fluido cerebral, o orvalho que é colhido em lâminas de vidro pelos alquimistas, que o retiram das folhas da planta Alquemilla (alquemilla, pé-de-leão). No ventre escuro da Terra, a semente germina; o mesmo faz o novo ego na escuridão da mente inconsciente.

Destilação

Este estágio é controlado por Júpiter, o mestre e o médico. Para o espírito humano, ele representa o purgatório, período que se segue diretamente à morte do corpo, assim como à morte mística da alma. Nesse purgatório, o puro e o impuro são separados. O estado mental da pessoa no momento da transição determina se esse estágio será uma punição terrível ou uma suave lição. *Memento mori*! Esteja sempre preparado para esse momento! Certifique-se de que se conserva puro!

Esse processo também é chamado de circulação ou retificação, porque determina uma constante elevação e queda, *ascensio* e *descensio*, simbolizada por Sísifo, condenado a rolar uma enorme pedra até o alto de uma colina – tarefa interminável, uma vez que a pedra sempre tornava a rolar de volta.

A energia que está concentrada no vapor que se eleva produz

cores, semelhantes às do arco-íris ou das auroras boreais e que recebem o nome de Cauda de Pavão ou *Cauda Pavonis*. A energia cai constantemente, de volta ao trio da natureza – Saturno, Mercúrio e Marte – e, em seguida, torna a subir para o reino da Lua e de Vênus. Depois da exibição de cores, a massa deve ser aquecida mais fortemente até que seque e se torne uma substância negra e cinzenta. Então, aparece uma risca branca, sinal de que a coagulação está prestes a começar.

Essa destilação do espírito significa que o ego já não está mais sujeito à Lei de Saturno: ao Tempo, ao Karma e à Causalidade. (Quem quer que comece a raciocinar automaticamente, por analogias, e não como conseqüência de imitação ou treinamento, tão logo alcance esse ponto já terá abandonado o traçado das conclusões causais.) Este karma, da velha culpa, ou pecado original, tem que ser expiado. Isso pode levar milhares de anos, ou uma hora; tudo depende da força da vontade. Quem quer que esteja preparado, sem quaisquer reservas, a ser educado por Júpiter, logo estará pronto.

A alma, aprisionada por Saturno no ego inferior, é libertada e pode atingir um plano mais elevado. O corpo também opera num nível diferente e é libertado da sua suscetibilidade a todos os tipos de doença. A mesma coisa se aplica às circunstâncias, que têm um efeito muito menor sobre a pessoa. O indivíduo se move numa esfera de vida totalmente diferente. Isso não acontece somente depois da morte do corpo físico, mas também, na vida interior, depois da morte do ego antigo, inferior. Assim sendo, podemos ver que a mudança afeta a estrutura atômica em todos os níveis do nosso ser.

A destilação, portanto, é a grande transformação que capacita a pessoa a viver no outro Eu ou Ego superior, sendo que, ao mesmo tempo, o ego inferior torna-se o servo purificado e prestativo desse Ego superior. A vontade da pessoa agora é a vontade de Deus, que é realizada com a ajuda da pequenina vontade humana. Durante todo o tempo, porém, o indivíduo tem consciência de que *é* esse Ego superior, com o outro agindo como um bondoso servidor. Tudo acontece espontaneamente; não há opções, portanto, não há problemas: o curso da ação tornou-se inevitável. Já não existem preocupações.

O Ego superior, o núcleo divino, é o mesmo em todas as

criaturas. A identificação com ele é tão completa que não há diferença entre o nosso próprio ego e o ego de outra pessoa. A vida é boa, quer seja vivida através dos outros, quer seja vivida através do nosso próprio ser. Compreendemos e sabemos tudo o que precisamos saber – embora cada um tenha sua própria forma de expressão – pois há apenas uma verdade, e a verdade é simples; há uma linguagem para ela em cada um dos estágios.

É por essas coisas que podemos reconhecer a pessoa que sofreu uma verdadeira mudança. Isto não tem *nada* a ver com bilocação, transes e estados semelhantes induzidos por drogas ou por técnicas especiais. Podemos encontrar tais técnicas entre povos antigos, que usavam esse método para tentar recapturar, por alguns breves instantes, uma experiência mística perdida. Esses métodos só debilitam o ego e a vontade, que são implementos de tão vital importância! São errados e prejudiciais para a pessoa, uma vez que representam um caminho *para trás*, em vez de *para a frente*.

Isso também não tem nada a ver com aquelas pessoas que ainda se identificam com o seu ego inferior, mas tentam usá-lo para servir a um Ser Superior fora delas mesmas – um mestre, um professor, um profeta, uma divindade ou seja lá o que for. A pessoa verdadeiramente mudada é, de fato, uma pessoa *nova*, é o seu verdadeiro Eu, que é universal e, conseqüentemente, não pode ser um servo de qualquer coisa exterior. A pessoa mudada faz tudo de uma forma diferente, ou melhor, tudo é produzido através dela, sem qualquer esforço. Mais uma vez, o Ego original está no controle.

Por destilação, o alquimista libera o metal original tirando-o do estado degenerado e dando-lhe novas propriedades, embora um observador casual não seja capaz de ver qualquer diferença, seja na pessoa mudada, seja no ouro alquímico.

Coagulação

Esse estágio traz a consolidação do novo Ego e do novo metal. É o processo de solidificação que pode ser observado na natureza, na formação de cristais de geada, dos cristais de gelo ou do granizo. São dadas formas materiais, em todas as densidades, inclusive as mais elevadas, à ordem, à verdade e ao modelo cósmico. Este, porém, não é o mesmo tipo de petrificação que Saturno produz quando fixa e preserva, seja num nível abstrato ou num nível concreto. Não, o espírito e a matéria estão completamente vivos quando atravessam esse estágio. Eles não têm um molde fixo, mas sim um molde que está sempre mudando – não o leito do rio, mas o próprio rio.

Esse estágio também é chamado de estágio de "tingimento" ou de "tintura". Tão logo os venenos forem removidos, a cor original reaparece. O alquimista obteve agora uma tintura com a qual pode transformar um metal em outro; por exemplo, o mercúrio com um pouco de ouro em ouro puro, usando a tintura vermelha. Da mesma maneira, durante esta fase uma alma humana pode transformar outras – transformá-las em ouro interior. Elas podem sentir que estão mudando, que são mais felizes. Mas, se a vontade divina que há dentro delas não as inspira a permanecer nesse estado, haja o que houver, uma tentação vinda de fora pode fazê-las voltar subitamente aos hábitos antigos, errôneos. Esta é uma experiência terrivelmente dolorosa, pois a pessoa perde tudo, não tem mais nada nem num mundo nem no outro. Portanto, a distribuição do nosso ouro interior pode trazer felicidade e uma antecipação do céu, mas *também pode* trazer infelicidade se não ocorrer uma distribuição total. Isto se aplica a todos aqueles mestres que realizam milagres e a todos os rituais que eles deixam para trás quando partem desta Terra (tais como a Santa Missa).

A energia produzida é essencialmente neutra. Quando ela passa através de uma alma pura, produz efeitos bons e puros – mas a menor impureza pode produzir efeitos extremamente ruins. Se uma pessoa não atravessou todos os estágios, não pode manter a mesma produção de energia que pode ser mantida por alguém que sofreu uma mudança verdadeira.

Durante a coagulação, a alma, ou o produto do alquimista, é novamente submetida ao teste de calor, à provação pelo fogo. O único pecado que possivelmente pode restar – o orgulho – agora é queimado e eliminado. Durante esta provação a pessoa fica sozinha, não recebendo ajuda de ninguém. A tintura branca corresponde à Lua e ao

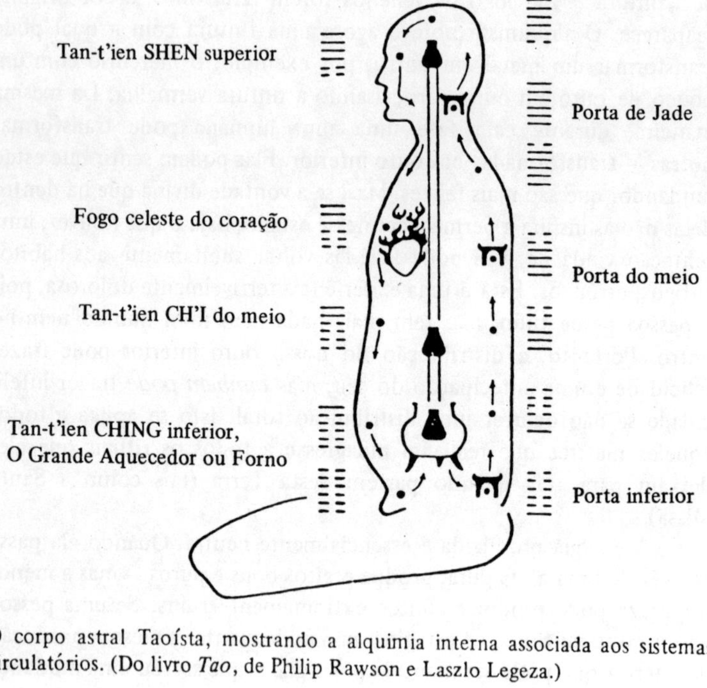

O corpo astral Taoísta, mostrando a alquimia interna associada aos sistemas circulatórios. (Do livro *Tao*, de Philip Rawson e Laszlo Legeza.)

corpo etérico purificado, que passou pela prova da água (batismo). A tintura vermelha corresponde ao Sol e à vontade purificada, que sobreviveu ao batismo de fogo. Se, neste ponto, o alquimista aumenta o calor muito gradualmente, ele obterá a pedra filosofal, que primeiro aparece com uma cor cinza e depois amarela.

Fixação, Lapidificação, Multiplicação

A Pedra Filosofal, que se coagulou e se tornou sólida (fixa) pode ser usada para todas as obras divinas. Ela é a analogia material do poder de fogo do homem restituído a Deus, que também é um instrumento na realização das obras divinas. A efusão dessa energia, que é realizada através da vontade, resulta no seu aumento. É o que chamamos de Multiplicação. Ela pode ocorrer em toda parte, a menos que tal ocorrência seja impedida por descrentes que se recusam a aceitar a energia que lhes é oferecida.

Agora, o alquimista pode empreender sua derradeira tarefa. Ele deve, repetidamente, conduzir a pedra através das cores do espectro alquímico. O *lapis medicinalis* torna-se cada vez mais poderoso e, depois da nona vez, é chamado de *lapis universalis*. Uma décima vez não é possível, visto que a pedra ou tintura torna-se tão refinada que passa através do vidro. Não podemos deixar de pensar aqui nas dosagens elevadas dos remédios homeopáticos – D1.000; D2.000 – que podem alterar a configuração da alma humana num instante, modificando sua estrutura atômica.

Conclusão

Deve ter ficado evidente para o leitor que só os que completaram a Grande Obra na sua própria vida espiritual podem compreender a natureza da alquimia. É para essas pessoas que foi escrito o texto que se acabou de ler.

Nos tempos antigos, o andamento do nosso desenvolvimento espiritual era muito mais lento do que é agora, e, por analogia, o processo físico alquímico equivalente a esse desenvolvimento tomava às vezes uma vida inteira. Muitos sacrificaram tudo às suas experiências, mas porque não tinham progredido fisicamente além de um certo ponto o progresso material equivalente também ficava além do alcance deles. Tome como exemplo alguém como Waldemar Daas e suas filhas, no conto de fadas de Andersen.

Hoje tudo é diferente. Na realidade, inúmeros métodos modernos aceleram a jornada da alma através de vários estágios.

E, assim, estamos agora na iminência de redescobrir o sonho do alquimista: como fazer ouro. O antigo povo da Atlântida conhecia e usava o segredo. Seus sucessores, dentro do Monte Shasta, no norte da Califórnia, ainda o conhecem e utilizam.

As pessoas da Atlântida estão agora sendo reencarnadas em grande número. Algumas estão começando a relembrar sua antiga tecnologia e, quando conseguirem, a ciência acelerará seu avanço. Pois a cultura Atlântida, de 25.920 anos atrás, era também uma cultura da era de Aquário. A hora atlântica tornou a soar. As ruínas do reino submerso estão sendo erguidas das profundezas do oceano Atlântico. Acabamos de completar um círculo. Vamos mostrar que aprendemos alguma coisa!

APÊNDICE: OS METAIS COMO REMÉDIOS

Metaloterapia

Todos os produtos da natureza podem servir para curar males do corpo humano. Esta afirmação baseia-se na ordem natural das coisas, no fato de que todas as criaturas são criadas pelas mesmas forças cósmicas (o Sol, a Lua e os planetas), enquanto o relacionamento entre essas forças varia de indivíduo para indivíduo. Se uma determinada força é predominante numa pessoa, considera-se essa pessoa como sendo tipificada por ela. Criaturas dos outros reinos naturais que exibem a mesma força pertencem à mesma classe do tipo humano correspondente. Normalmente, cada tipo precisa de uma grande quantidade da sua força particular; por isso, poderá surgir uma deficiência que pode ser compensada por uma dessas criaturas correspondentes cujas vibrações idênticas capacitam a pessoa a lutar contra a carência.

O corpo de um embrião que está se desenvolvendo no útero é construído, mês após mês, pelos planetas que agem cada um por sua vez. Cada um dos órgãos do corpo é construído por um determinado planeta, de acordo com o seu próprio modelo. Por analogia, o corpo do nosso planeta Terra é construído gradualmente por forças cósmicas. No tempo em que certos metais estavam assumindo sua forma atual na crosta terrestre, as forças cósmicas responsáveis por isso também estavam começando a operar organicamente no corpo humano daquele período, mais etérico em qualidade do que agora. Podemos ver que cada força planetária afeta a Terra e, também, todos os níveis da manifestação humana: o espírito, na forma de energia espiritual; o corpo etérico, na forma de força vital; e o corpo físico, na forma de carne e sangue. É essa carne o recipiente e o ponto de contato para as forças associadas. Se, por exemplo, uma pessoa tem uma quantidade excessivamente pequena de ferro no sangue, então o seu corpo etérico não terá capacidade para se defender e seu espírito não terá forças para travar uma luta. Como quase todas as doenças começam no corpo etérico, é melhor começar nele o tratamento. Isso significa liberar a energia contida na matéria que forma o remédio e diluí-la numa proporção de 1:1000, expressada como D3 na homeopatia. Esse remédio pode ser usado internamente. A própria substância também pode ser aplicada diretamente, usando-se um pequeno pedaço dela junto à pele. A transpiração dissolverá pequenas quantidades, que serão absorvidas através dos poros da pele. É por isso que as pessoas costumavam usar amuletos feitos com um determinado metal a fim de afastar doenças e outros males com as vibrações do mesmo. Outra forma de tratamento consiste em esfregar a parte afetada com um pedaço do metal apropriado; ou com água na qual tenha sido deixado um pedaço do metal durante 24 horas. Também se pode fazer gargarejos com essa água.

Portanto, é aconselhável ter pequenas quantidades dos metais comuns no nosso armário de remédios. Eles não se deteriorarão e seus poderes conservarão sua força. Os metais recomendados são: ouro, prata, mercúrio, cobre, ferro, estanho, chumbo, antimônio, zinco, manganês e níquel.

Também será aconselhável ter um pouco de enxofre, iodo, amoníaco, alúmen, sal comum e, talvez, um pouco de ítrio ou gadolinita.

A seguir você encontrará uma lista de doenças, na ordem alfabética, seguida pelo metal apropriado para o seu tratamento. A menos que haja alguma outra indicação, o órgão afetado deve ser esfregado durante três minutos com um pedaço do metal, duas vezes ao dia, durante um período de doze dias.

Se há uma escolha de metais, consulte o seu horóscopo.

ABSCESSO: *chumbo*. Coloque 50 gramas de chumbo em 1 litro de água. Deixe assim durante 2 horas. Banhe a área afetada com um pano ensopado nessa água, duas vezes por dia, durante 5 dias.

ALBUMINÚRIA (presença de albumina na urina, tornando-a flocosa): *antimônio* ou *estanho*. Deixe 350 gramas do metal em 1 litro de água durante 12 horas. Esfregue a área da bexiga com essa água.

ANEMIA: esfregue a cabeça com água de *zinco* ou de *alúmen*. Toda a água usada para beber ou cozinhar (sopas, etc.) deverá ser tirada de uma jarra que contenha um prego de *aço* enferrujado; a jarra deverá ser mantida sistematicamente cheia.

ARTERIOSCLEROSE: esfregue a área do coração com um pedaço de *ouro*.

ARTRITE: Coloque 10 gramas de *cobre* em 1 litro de água e esfregue a junta com essa água quatro vezes por dia durante quatro dias. *Antimônio*, *estanho* ou *chumbo* também podem ser usados.

ARTRITE REUMATÓIDE: *antimônio*. Massageie com esse metal, duas vezes por dia, durante 12 dias.

ASMA: Deixe 2 gramas de dióxido de *manganês* em 1 litro de água durante 5 horas. Beba um copo cheio dessa água duas vezes ao dia. Ou, então, use um pedaço de *zinco* junto à traquéia.

CATAPORA: *prata* ou *alúmen*. Coloque 5 gramas de prata em 1 litro de água durante 3 horas. Lave o corpo inteiro com essa água, duas vezes por dia, durante 2 dias. Ou, então, coloque 1 grama de alúmen em 1 litro de água e lave o corpo com ela duas vezes por dia, durante 2 dias.

CATARATA: deixe um pedaço de *antimônio* num copo de água durante 6 horas e banhe o olho com essa água 6 vezes por dia, durante 6 dias.

CIÁTICA: *ferro*. Esfregue o ponto dolorido com ferro, duas vezes por dia.

CISTO: coloque 300 gramas de *ferro* na água. Deixe assim durante 12 horas. Esfregue o cisto com essa água, três vezes por dia.

COLERINA: massageie o abdômen duas vezes por dia, durante dois dias, com *ferro* ou *prata*.

CONSTIPAÇÃO INTESTINAL: esfregue o abdômen 10 vezes por dia com *chumbo*.

CONTUSÃO (machucadura): esfregue a área afetada, duas vezes por dia, com *cobre*.

DIABETES: conforme a escolha:

1. Coloque 10 gotas de tintura de *iodo* em 1 litro de água e misture. Massageie a bexiga com essa mistura 10 vezes por dia, durante 4 dias.

2. O mesmo processo, duas vezes por dia, usando *alúmen*.

3. O mesmo processo, duas vezes ao dia, durante dois dias, usando *prata*.

4. O mesmo processo, apenas uma vez, usando *ouro*.

DIARRÉIA: esfregue o abdômen, uma vez apenas, com um pedaço de *enxofre* (se a diarréia for causada por infecção bacteriana).

DIFTERIA: *zinco*. Coloque um pedaço de zinco, pesando 100 gramas, em um litro de água durante 5 horas. Massageie a garganta com essa água durante dois dias. Ou então: *antimônio*; o mesmo processo, porém duas vezes por dia, durante 9 dias.

DOENÇAS DO CORAÇÃO. Palpitações: *manganês*. Passe um pedaço de metal sobre a área do coração ou coma amêndoas, pois elas são ricas em manganês.

Cobre: coloque 5 gramas de cobre em um copo de água. Beba metade dessa água antes da refeição principal e metade depois.

Prata: massageie a área do coração com prata.

Dilatação do coração: *antimônio*. Massageie a área do coração duas vezes por dia, durante 3 minutos. Este tratamento deverá ser feito durante 12 dias.

ENFISEMA: *cobre* ou *níquel*. Esfregue o peito duas vezes por dia, durante 2 a 3 minutos, com um pedaço do metal ou com água na qual se tenha deixado um pedaço do metal. Este tratamento deverá se prolongar por 12 dias.

ENJÔO MARÍTIMO: *platina*. Numa viagem por mar, leve um pedaço de platina com você e esfregue o abdômen com ele.

ENXAQUECA: Esfregue um pedaço de *alúmen* sobre a cabeça. Faça isso duas vezes, apenas por um dia.

EPILEPSIA: *prata*. Deixe 25 gramas de prata em 1 litro de água durante 5 horas. Beba dois copinhos cheios dessa água todos os dias.

ESCARLATINA: *cobre*. Esfregue a área do coração com *cobre* duas vezes por dia, durante 5 dias.

ESCLEROSE MÚLTIPLA: um remédio importante para a esclerose múltipla é o *cobre*: uma diluição homeopática tomada internamente; ou um ungüento de cobre que deve ser esfregado nas costas. O cobre corresponde a Vênus, cujo presente para o espírito é o *amor*. Para dar a força de Vênus ao corpo etérico podemos ter um companheiro amoroso ou podemos beber grandes quantidades de chá de trevo. O trevo *rosado* é rico em cobre e fortalece o espírito e os nervos. O simples permanecer num campo de trevo luxuriante tem um efeito curativo e animador. Para esta doença, pode-se também procurar o magnetizador certo, ou alguém que cure pela prece. Nem mesmo esta doença é incurável, desde que o próprio paciente esteja trabalhando no sentido de ser curado.

FÍGADO, males do: *ouro*. Prenda um objeto de ouro na área do fígado.

GASTRITE: *prata*. Coloque 5 gramas de prata em um copo de água durante 3 horas. Faça gargarejos com essa água 5 vezes por dia.

GRIPE: de acordo com a escolha:

Cobre: esfregue a testa com o metal duas vezes por dia, durante vários dias.

Alúmen: dissolva 1 grama de alúmen em um copo de água. Mexa e beba meio copo um quarto de hora antes de cada refeição.

Opala: esfregue a testa com a opala, uma vez apenas.

HEMORRÓIDAS: *antimônio*.

HÉRNIA: *cobre*. Esfregue a área da rutura com o metal duas vezes por dia, durante 25 dias. Ou, então, com *ouro*, duas vezes por dia, durante 5 dias.

LARINGITE: *ouro*. Massageie duas vezes com um objeto de ouro, apenas por um dia.

LUMBAGO: esfregue apenas uma vez com *estanho*.

MENINGITE: *ferro*. Esfregue a cabeça levemente com um pedaço de ferro, três vezes, apenas por um dia. No dia seguinte, massageie a cabeça com *água de cal* por 10 vezes, deixando um intervalo de meia hora entre cada vez.

NEFRITE: *antimônio*. Massageie os rins duas vezes por dia, durante três dias, com antimônio.

NEURITE: *ouro*. Esfregue a área afetada com um pedaço desse metal duas vezes por dia, durante 4 dias. Ou, então, esfregue-a com água de cal duas vezes por dia, durante 12 dias.

NEVRALGIA: *cobre*. Esfregue a área dolorida duas vezes por dia, durante 4 dias, com esse metal.

PARALISIA: *ouro*. Esfregue a testa, o pescoço e a coluna com ouro, duas vezes por dia.

PERDA DO SENSO DE EQUILÍBRIO: massageie a espinha com *ouro* duas vezes ao dia, durante 12 dias.

PLEURISIA: *prata*. Esfregue o peito 3 vezes por dia, durante 3 dias, com esse metal.

PRESSÃO ALTA: massageie a área do coração com um pedaço de *ouro*, duas vezes por dia, durante 2 minutos. Este tratamento deverá se prolongar por 8 dias.

RETENÇÃO DA URINA: *ferro*. Esfregue a bexiga duas vezes, com um intervalo de 2 horas entre cada aplicação. Ou *cal*: esfregue a bexiga duas vezes com ela, deixando uma hora de intervalo entre cada aplicação.

REUMATISMO: *zinco*. Esfregue a área afetada, duas vezes por dia, durante 8 dias, com esse metal. Ou use uma placa de zinco junto à pele, na área afetada. Ou use *bicarbonato de sódio*, dissolvendo 200 gramas em 1 litro de água. Esfregue a área afetada com essa água duas vezes por dia, durante 12 dias.

RINS: para fortalecê-los, de acordo com a escolha:
Cobre: massageie duas vezes por dia, durante 12 dias.
Prata: massageie duas vezes por dia, durante 12 dias.
Alúmen: dissolva 1 grama em 1 litro de água. Mexa antes de usar. Beba dois meios copos por dia antes das refeições.

SARAMPO: *dióxido de carbono*. Compre uma garrafa de água mineral carbonada. Em seguida, enrole o paciente num lençol molhado, da seguinte maneira; encharque o lençol com água quente e depois derrame a água mineral sobre todo ele. A seguir, envolva o paciente nesse lençol molhado e cubra-o com cobertores de lã para fazê-lo suar. Uma hora depois, num quarto aquecido, lave o corpo com água fria e enxugue muito bem. Coloque o paciente na cama, com lençóis limpos, e deixe-o dormir.

TUMOR: *antimônio*. Deixe um pedaço de antimônio, pesando 300 gramas, em 1 litro de água por um intervalo de 5 horas. Esfregue duas vezes com essa água, durante apenas um dia.

UREMIA: *prata*, *zinco* ou *cobre*. Esfregue a área da bexiga com o metal escolhido, duas vezes por dia.

Leia também

A MAGIA DAS PEDRAS PRECIOSAS

Mellie Uyldert

Através da História, as pedras preciosas têm sido usadas, não apenas por sua beleza ou raridade, mas também por seus poderes secretos. Durante séculos, elas foram usadas como auxiliares indispensáveis para o aprimoramento da vida espiritual, assim como para aumentar a percepção psíquisa, para inspirar amor e como poderosos agentes de cura.

Dentro desses temas gerais, são estudadas neste livro a consonância das pedras preciosas com os signos do Zodíaco; a preparação de amuletos e talismãs; a estreita conexão existente entre as pedras preciosas e as várias partes do corpo humano, assim como a analogia subjacente entre as pedras preciosas e as diversas facetas da alma humana.

Moderno *lapidarium* que revela, pedra por pedra, os poderes ocultos desses "*olhos da matéria fixos em nós*", este livro de Mellie Uyldert traz, ainda, inúmeras histórias e lendas, nas quais as pedras preciosas representaram o papel principal.

CORES PARA A SUA SAÚDE

Gérard Edde

Este livro ensina métodos práticos para cuidar da saúde com a ajuda das cores. Embora usada há milhares de anos nas medicinas indiana (ayur-védica), chinesa, tibetana e egípcia, a cromoterapia quase não é conhecida no Ocidente e pode revelar-se um método revolucionário. Ela tem como base a teoria — redescoberta por Einstein — de que energia e matéria estão em relação íntima e o princípio milenar de que toda terapêutica deve agir de modo a harmonizar o mental e o físico. Na América, alguns pesquisadores e práticos obtêm resultados notáveis seguindo as pegadas dos doutores Abraham, Mac Naughton e Dinsha.

A vida, como sabemos, é energia, é vibração. As cores constituem uma escala sensível e elevada dessas vibrações; elas modificam e influenciam profundamente nossas energias vitais e nossas emoções. Não deve, portanto, causar surpresa o fato de terem encontrado uma aplicação terapêutica importante.

Este manual prático lhe mostrará a eficácia da cromoterapia, aliás, de fácil aplicação, sem a necessidade de uso de qualquer material caro. Ele lhe dirá como se tratar — em casa — com as lâmpadas coloridas (que você mesmo poderá construir), como se beneficiar com os efeitos das cores através das roupas que você usa e através da alimentação; como usá-las para se relaxar, como acionar os seus centros de energia (os chakras) para vitalizá-los ou acalmá-los; como diagnosticar e prevenir grande número de perturbações da saúde pelas cores, etc.

Um manual original, de aplicação imediata, enriquecido por um importante repertório terapêutico de 93 afecções correntes que podem ser eficazmente tratadas pela cromoterapia.

EDITORA PENSAMENTO

Editora Pensamento
Rua Dr. Mário Vicente, 374
04270 São Paulo, SP

Livraria Pensamento
Rua Dr. Rodrigo Silva, 87
01501 São Paulo, SP
Fone 36-3722

Gráfica Pensamento
Rua Domingos Paiva, 60
03043 São Paulo, SP